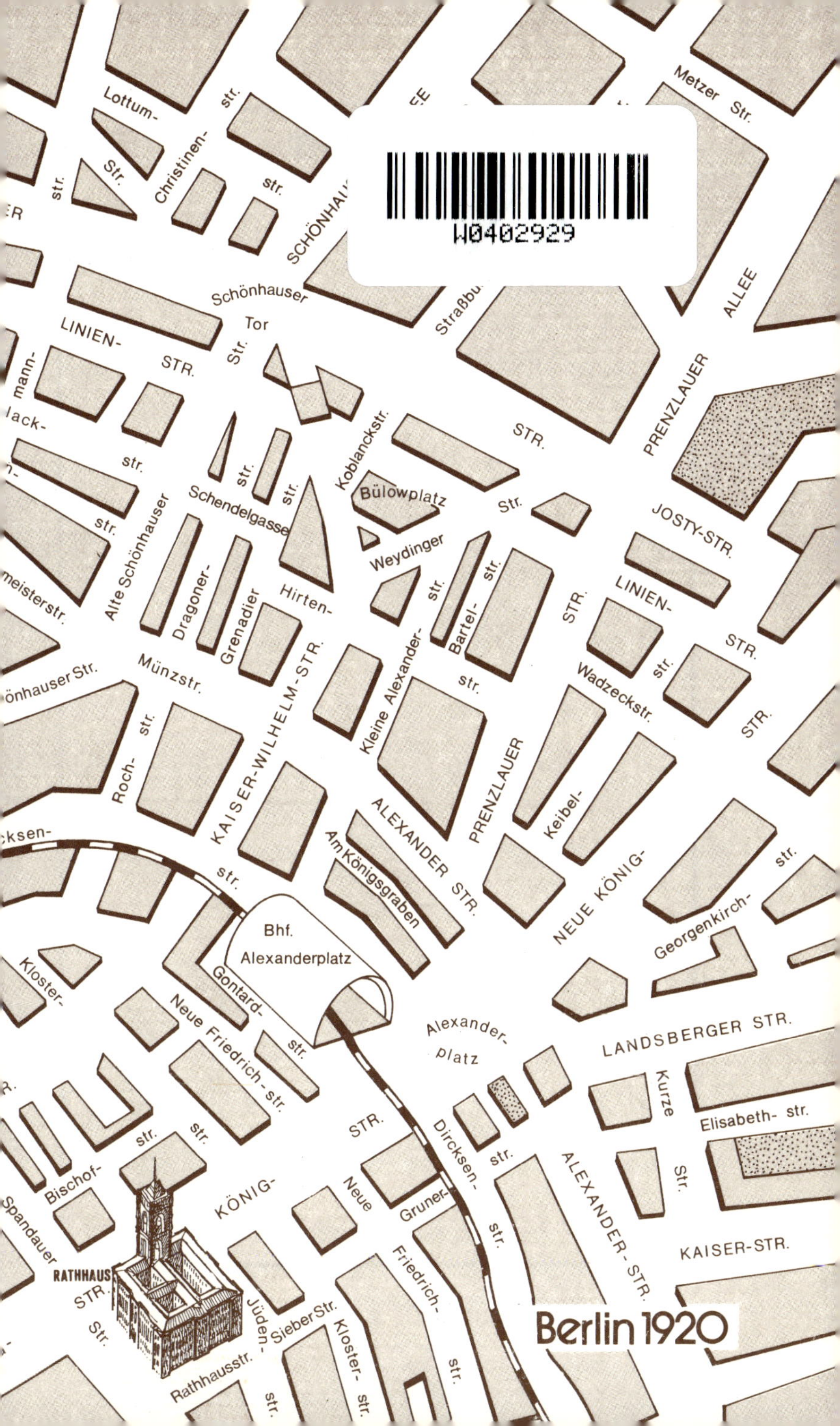

Lottum-
str.
Christinen-
Str.
str.
SCHÖNHAU
Metzer Str.
Schönhauser
Tor
Str.
LINIEN-
STR.
Straßbu
ALLEE
mann-
lack-
str.
str.
str.
Koblanckstr.
STR.
PRENZLAUER
Bülowplatz
Schendelgasse
Str.
JOSTY-STR.
str.
Alte Schönhauser
Weydinger
meisterstr.
Dragoner-
Grenadier
Hirten-
str.
str.
LINIEN-
STR.
Bartel-
Münzstr.
KAISER-WILHELM-STR.
Kleine Alexander-
str.
Wadzeckstr.
str.
STR.
önhauser Str.
str.
Roch-
PRENZLAUER
Keibel-
ALEXANDER STR.
Am Königsgraben
cksen-
str.
NEUE KÖNIG-
str.
Bhf.
Alexanderplatz
Georgenkirch-
Kloster-
Gontard-
Neue Friedrich-str.
str.
Alexander-
platz
LANDSBERGER STR.
Kurze
Elisabeth- str.
STR.
str.
str.
Dircksen-
str.
ALEXANDER-STR.
Str.
Bischof-
KÖNIG-
Neue
Gruner-
Spandauer
str.
KAISER-STR.
RATHHAUS
STR.
Friedrich-
Jüden-
Sieber Str.
Str.
Kloster-
str.
str.
Rathhausstr.
str.
str.

Berlin 1920

Treffpunkt Scheunenviertel

Leben im Schtetl

Herausgegeben und eingeleitet
von Ingrid Kirschey-Feix

EDITION
SCHEUNENVIERTEL

Für die Abdruckgenehmigung ist – soweit die vermerkte Quelle und der Rechtsträger nicht identisch sind – zu danken:
„Kurt Bartsch“ – Kurt Bartsch, Berlin
„Martin Beradt“ – Buchhandlung Mackensen, Berlin
„Eike Geisel“ – QADRIGA Verlagsgesellschaft mbH, Weinheim
„Heinrich Goertz“ – Heinrich Goertz, Auetal-Borstel
„Alexander Granach“ – © F. A. Herbig Verlagsbuchhandlung GmbH, München
„Uri Hart“ – Uri Hart, Berlin
„Georg Hermann“ und „Sling“ – Eulenspiegel – Das Neue Berlin, Berlin
„Egon Erwin Kisch“, „Günter Kunert“, „Regina Scheer“ und „Arnold Zweig“ – Aufbau-Verlag, Berlin
„Joseph Roth“ – © 1976, 1985 by Verlag Kiepenheuer & Witsch Köln und Verlag Allert de Lange Amsterdam
„Joachim Seyppel“ – © Limes Verlag, in der F. A. Herbig Verlagsbuchhandlung GmbH, München
Nicht in jedem Fall war es möglich, einen Rechtsträger zu ermitteln.

ISBN 3-355-01397-8

Umschlaggestaltung: Ingrid Engmann
Unter Verwendung eines zeitgenössischen Fotos
Lichtsatz: Nationales Druckhaus GmbH, Berlin
Lithographie: SWS Repro GmbH, Wiesbaden
Druck und buchbinderische Weiterverarbeitung: Chemnitzer Verlag und Druck GmbH, Werk Zwickau
Gedruckt auf FORTUNA-Pegasus
Steinbeis Temming Papier GmbH & Co Glückstadt

Zuhause. Da, wo ein Dach über dem Kopf ist, wo ein Bett steht für die Nacht, ein Kleider- und ein Kühlschrank und wo sich eine Liebe findet. Nicht immer ist das auch Heimat. Doch ein Zuhause ist schon viel.

Der Berliner Nordosten, egal zu welcher Zeit, bietet vielen ein Zuhause. Nur wenige der Einwohner haben aber davon etwas festgehalten, überliefert. Oft sind es nur die Besucher, die Durchreisenden, die darüber erzählen. Das ist so bis in die jüngste Zeit. Dafür gibt es Gründe. Einer ist, der Stadtteil hat zu viel gesehen, das besser zu verstecken gewesen wäre. Einst Vorratskammer für Berliner Bäuche, mit Zufahrts- und Heerstraßen, avanciert dieses Gebiet, allen Um- und Ausbauplänen zum Trotz, immer wieder zur Müllkippe für die Großstadt. Auch zur Müllkippe für die Menschen, mit denen in einer boomenden Weltstadt kein Staat zu machen ist.

Spandauer Viertel, Spandauer Vorstadt, darin Scheunenfeld, Scheunenviertel, vor den Toren das Voigtland... Die Bezeichnungen sind verschieden, stehen auch für den baulichen Entwicklungsstand der Stadt, Neueres kommt dann nicht hinzu. In einem sind sich alle Chronisten einig, wenn sie sich dem Berliner Nordosten nähern: Hier ist die Armut zu Hause. Daß es sich hier notgedrungen billiger leben läßt als anderswo in der Stadt, hat sich herumgesprochen, auch im Ausland.

Das Große an einer Großstadt ist, sie bietet vielen Platz. Berlin war immer ein Magnet. Von der Gründung einer Stadt aus gesehen, sind alle, denen sie ein Zuhause bietet,

Zugewanderte. Es gab Zeiten, da war man stolz, einem Fremden zu begegnen, von ihm Dinge zu erfahren, die man noch nie gesehen und gehört hat. Das mag auch so gewesen sein, als die ersten Juden aus dem Osten in Berlin ein Zuhause suchen. Sie fallen auf. Doch das Interesse für das Fremde scheint schnell gestillt, zu schnell, wechselt in Mißtrauen. Während sich zum Beispiel die meisten Juden bemühen, unter den Deutschen nicht als Juden aufzufallen – Deutsche wollen immer nur als Deutsche auffallen –, wird das Scheunenviertel zum Begriff für eine ostjüdische Enklave, wo die Straßen denen eines polnischen Schtetls gleichen. 1925 leben in Berlin rund 173 000 Juden, das sind 4,3 % der Berliner Bevölkerung. Nur 43 000 davon sind Ostjuden. Die Einwanderungswelle erreicht einen Höhepunkt. Die Ostjuden, die zu Beginn des Jahrhunderts vor den Pogromen in ihren Heimatländern Rußland, Polen, Galizien flüchten, sehen Berlin als ein hoffnungsvolles Ziel oder als Station auf dem langen Weg nach Amerika. Gerade sie werden die ersten Opfer der faschistischen Pogrome in Deutschland. Zunächst aber finden sie ein Zuhause, vielen von ihnen ist das Scheunenviertel ein Anlaufpunkt. Da gibt es hier schon längst keine Scheunen mehr.

Das Berliner Schtetl ist kein geschlossenes Ghetto. Das Kino mit seinen Abnormitäten findet sich in der Nähe des jüdischen Pfandleihers oder während die einen von der Straße verschwunden sind, weil sie den Sabbat abhalten, vergnügen sich die Nachbarn in einer der zahlreichen Kaschemmen. Wer sind die Fremden, wer die Deutschen? Wenn auch nur für kurze Zeit, hier ist ein Zuhause.

Kurt Bartsch

(1968)

Scheunenviertel, Berlin

scheunenviertel mond und kräne
bagger brachen in die szene
häuser stehen morsche zähne

ratten pfeifen aus den gruben
kartenhexen und kreuzbuben
schlurfen nächstens durch die stuben

kohlenschipper säufer huren
rosenwangig wachsfiguren
karusselle fuhren fuhren

hielten an der straßenecke
wo im finstern die verstecke
leichen sprangen vom verdecke

rattenäugige polizisten
mit revolvern schwarzen listen
wo im schutt die träume nisten

fahnen rollten ein gewitter
mond beschien die weißen gitter
nächte stumm und leichenbitter

schatten fliehen von tapeten
bäume ragen schwarze gräten
viertel platzen aus den nähten.

(aus: Kurt Bartsch, zugluft – gedichte, sprüche, prosa, erschienen im Aufbau-Verlag, Berlin 1968)

Ernst Fidicin

(1843)

Die berlinischen Vorstädte begannen an dem äußersten Stadtgraben, dessen Lauf durch die Neue Friedrichstraße bezeichnet wird. Die Gärten hinter den Häusern dieser Straße waren also schon in alter Zeit Gärten in den Vorstädten, die nur von den Straßen durchschnitten wurden, welche vor den drei Toren des alten Berlins zusammenliefen. Nach diesen Toren und den von ihnen ausgehenden Landstraßen wurde auch die Gegend vor der Stadt bezeichnet. So liefen auf das alte Spandauertor die Heerstraßen von Spandow, Ruppin, Rosenthal und Schönhausen, so daß die Gegend von der Spree bis zur Schönhauserstraße die Spandauer Vorstadt genannt ward.

... Scheunengassen, welche von den Scheunen ihren Namen haben, die dorthin verlegt wurden, als die Königs- und Spandauer Vorstadt regelmäßig bebaut werden sollte. Die Menge der Scheunen war groß, weil früher fast jeder Einwohner, der einen nur ziemlich bedeutenden Hausstand hatte, selbst höhere Staatsbeamte Ackerbau und Viehzucht trieben. Sie nahmen fast den ganzen Raum zwischen der Grenadierstraße, Prenzlauerstraße, Hirtengasse und Linienstraße ein. Die Kurze und die Vierte Scheunengasse gehören zu denjenigen, welche zuerst seit Friedrich dem Großen bebaut wurden. In den übrigen wurden erst in neuerer Zeit Wohnhäuser errichtet.

(aus: Ernst Fidicin, Berlin – historisch und topographisch, erschienen bei C.H. Jonas, 1843)

Karl Friedrich von Klöden

(um 1790)

Allein ich muß jene dunkle Periode des unbewußten kindlichen Lebens übergehen bis zum Jahre 1790, als meine Eltern nach der Kaserne in der großen Friedrichsstraße Nr. 102, vorn heraus, zwei Treppen hoch eine Wohnung bezogen. Hier entwickelte sich mein Bewußtsein, und mannigfache Bilder aus jener Zeit treten in lebendigster Frische vor meine Seele.

Noch heute sehe ich die durch das ganze Gebäude entlangziehenden Korridore, zu deren beiden Seiten die Stuben lagen. Diese Gänge waren an jedem Ende und in der Mitte mit einem Fenster versehen, welche letzteren aber nur in der Mitte des Ganges zu erblicken waren, wo die Treppenflure lagen. Innerhalb der Korridore sah man nur die beiden Endfenster, und mir erschien die Länge dieser Gänge viel größer als die des ganzen Gebäudes, ja fast endlos. Wenn Weihnachten vorüber war, dünkte es mich bis zu dem nächsten Weihnachten ebenso lang als von einem dieser Fenster bis zu dem andern. Sie waren mir der Maßstab für alles sehr Lange und Weite.

Unten auf dem Hausflure standen zwei Kanonen. Diese dienten uns Jungen zu Turnübungen, von denen als solchen man damals noch nichts wußte. Waren wir müde, so setzten wir uns reitend auf Rohr und Lafette und sangen mit heller Kehle: „Auf, auf, ihr Brüder, und seid stark" oder andere Soldatenlieder, die wir aufgeschnappt hatten und die einer den andern lehrte. Sie gehörten oft nicht zur besten Sorte dieser Lieder, aber wir verstanden sie meistens nicht und hatten kein Arg dabei.

Des Abends wurde zum Zapfenstreich nach der Wache am Oranienburger Tore gelaufen. Den Tambour begleitete der helle Haufen auf seinem Gange, und sowie er fertig war, wurde mit einem gellenden Gejauchze die Mütze hoch in die Höhe geworfen und dann fortgelaufen. Dies war herkömmliche Sitte, und bekanntlich werden alte Gewohnheiten von niemandem so festgehalten wie von den Kindern. Ihre Spiele beweisen das: Murmel, Ball, Drachenspiel, die stets in jedem Jahre zu derselben Zeit anfangen. Ich hätte auch gern meine Mütze in die Höhe geworfen, aber ich hatte keine und konnte nur die Hände in die Höhe heben. Bis zum zehnten Jahre ist keine Bedeckung auf meinen Kopf gekommen; Regen und Sonnenschein, Kälte und Hitze konnten ungehindert darauf einwirken, und ich schreibe es diesem Umstande zu, daß ich lebenslang frei von Kopfschmerzen geblieben bin. Übrigens hatte ich lange, hellblonde Haare, die mir zu meinem großen Verdrusse den Namen Flachskopf erwarben.

Am Tage wurde auf den Straßen, auf dem Kasernenhofe, auf dem Flure oder Korridore oder in der Stube gespielt und getobt, je nachdem die Jahreszeit und die Witterung es mit sich brachten und gestatteten, denn darauf wurde strenger gehalten als auf geschriebene Gesetze. Man weiß, daß Kühler nur im ersten Frühlinge, Ball nur um die Osterzeit, Drachenziehen im Herbste gespielt werden, Zeck aber zu allen Zeiten. Die Musterung der Soldaten auf dem Kasernenhofe, die dabei sehr häufig vorfallenden Stockprügel bei den Kanonieren und Fuchtel bei den Bombardieren, das Spießrutenlaufen ebendaselbst, das „In der Fiddel stehen" der Weiber in den Korridoren gaben der Schaulust viel Nahrung und Gelegenheit, die Zeit totzuschlagen. Bei alledem entwickelte ich Anlagen zum Straßenjungen.

Oft wurde ich zu allerlei Besorgungen ausgeschickt, da meine Mutter sich möglichst zu Hause hielt. Nicht selten mußte ich auch zu zweien Brüdern meiner Mutter, also meinen Oheimen, welche Goldarbeiter waren und an den

Werderschen Mühlen wohnten. Dies war einer der weitesten Wege für mich. Ich erinnere mich noch lebhaft eines Pfingstheiligabends – ich war fünf Jahre alt –, an dem ich diesen Weg in strömendem Regen vormittags machte. Die an allen Baugerüsten angeschlagenen Maien, die vielen verkäuflichen Blumen, die Tulpen und die Düfte des Flieders, der Maiblumen und Narzissen stimmten mich überaus froh und festlich, obgleich mir das Wasser in Strömen durch die Haare lief, und ich bin den Eindruck lebenslang nicht losgeworden. Die Erinnerung daran wacht jedesmal auf, sowie sich jene Gerüche wiederholen.

Ein Halbjahr früher war mein Vater auf einen Tag nach Spandau kommandiert und nahm mich mit dahin. Davon erinnere ich mich aber einzig und allein der Gerüche des Malzes in dem Brauhause und des trocknen, abgefallenen Eichenlaubes auf dem Hofe.

Einer von den beiden Schlafburschen meines Vaters war ein Pole, der nur gebrochen deutsch sprach, ein gutmütiger Kerl, sonst aber eigentlich ein halbes Tier. Mit mir machte er sich viel zu tun, und ich hatte ihn gerne. Gar sehr oft aber war er so „sternhagelvoll" betrunken, daß er kein Glied rühren konnte, auf dem Korridor umfiel und brüllte oder einschlief. So lag er stundenlang, und wenn er den Rausch endlich ausgeschlafen hatte, gab es grimmige Hiebe, die ihn nicht besserten. Er war auch wegen Diebereien mehrfach Spießruten gelaufen und behauptete, das wäre von Zeit zu Zeit einem Menschen nötig, weil die Haut sonst jucke. Eines Tages äußerte er: „Juckt mir wieder mein Puckel so sehr, muß schröpfen lassen", und gleich darauf stahl er eine Kleinigkeit, wonach denn der gehoffte Erfolg nicht ausblieb.

Solch ein Wesen war wirklich entmenscht und mußte es durch die unmenschliche Behandlung immer mehr werden. Man hat jetzt kaum eine Vorstellung von den Subjekten, welche damals unter den Soldaten steckten, aber auch ebensowenig von der Behandlung, die ihnen zuteil wurde.

Nicht selten vermochten sie bei aller Gewöhnung an die unwürdigste Mißhandlung das Leben nicht mehr zu ertragen und schnitten sich den Hals ab, aber fast alle nicht tief genug. Dann wurde die schmerzhafte Wunde zugenäht und geheilt, und war der Mensch wieder gesund, so mußte er zwölfmal Spießruten laufen. Welch eine Lust zu leben dadurch erweckt wurde, kann man sich denken. Manche ergriffen den Ausweg und töteten ein Kind in der Verzweiflung, um als Mörder ergriffen und hingerichtet zu werden, und dies gehörte nicht zu den ungewöhnlichen Fällen, ja, ich selber bin einmal, wie mir meine Mutter erzählt hat, einer solchen Gefahr kaum entgangen.

Ich war zwei Jahre alt; meine Mutter trug mich noch auf dem Arme und ging mit mir vom Georgen-Kirchhofe durch den Gang am Hospitale nach der Landsbergerstraße. Kaum tritt sie aus dem Gange heraus, so entdeckt sie, nicht 30 Schritte von sich entfernt, einen Soldaten mit einem langen Messer in der Hand, dessen furchtbar verstörtes Ansehen die heftigste Exaltation verrät. Die Straße ist auf größere Entfernung menschenleer, ringsum aber liegen die Bewohner angstvoll in den Fenstern. Meine Mutter überblickt im Moment den Stand der Dinge; aus den Fenstern ruft man ihr zu: „Retten Sie sich, retten Sie sich und das Kind." Umkehren konnte sie nicht, ohne den Menschen hinter sich herzuziehen; ängstlich wagte sie es, an den Häusern herzuschleichen, und flüchtete sich dann in die nächste offene Haustüre. Der Kerl hatte sie wohl gesehen, aber nicht verfolgt. Sie wurde mit einer Art von Jubel empfangen und erfuhr, daß der Mensch schon seit einer Viertelstunde in der Nähe auf entsetzliche Art geflucht, getobt und sein Messer auf den Steinstufen gewetzt, auch unter lauten Verwünschungen geschworen habe, den ersten besten zu ermorden, weil er seines Lebens müde sei. Jeder habe sich daher geflüchtet, und man habe nur gewünscht, daß ihm niemand in den Wurf kommen möge, als zum Schrecken aller meine Mutter mit mir erschienen sei.

Kinder liefen bei solchen Gelegenheiten die größte Gefahr, weil es bei dieser Art von Leuten ein allgemeiner Aberglaube war, es sei eine geringere Sünde, ein Kind zu töten als einen Erwachsenen, denn letzterer fahre in seinen Sünden in die Verdammnis dahin, ohne Zeit zu haben, sich vorher zu bekehren, während ein unschuldiges Kind sofort ein Engel werde und selig sei. Seltsamer Widerspruch im menschlichen Herzen! Während diese Unglücklichen sich zu dem grausamsten Verbrechen entschließen, fällt doch eine Regung des Gewissens, ein Gefühl des Erbarmens als letzter blasser Abglanz des göttlichen Ebenbildes in den dunkeln Abgrund ihrer Seele. Sie mühen sich, das Unglück ihres Opfers und damit ihre eigene Schuld zu vermindern, obgleich ihnen das Glück ihres Nebenmenschen völlig gleichgültig geworden ist. In diesen verwilderten Seelen, in denen die alte Pflanze der Religiosität vom bösesten Unkraut gänzlich überwuchert schien, dauerte also doch ein Keim derselben im Dunkeln fort, unzerstört und unzerstörbar; denn die Religiosität ist nichts Gemachtes, sondern ein Geschenk des Himmels und kann zwar sehr verkümmern, aber nicht in den Herzen ersterben, solange sie noch schlagen.

Wer aber von dem jüngeren lebenden Geschlechte sollte glauben, daß Szenen wie die geschilderte erst seit einem halben Jahrhundert hinter uns liegen? Müssen sie diesen nicht ganz unglaublich dünken? Wo zeigen sich jetzt wohl ähnliche Erscheinungen? Aber es sind besonders die Verhältnisse der unteren Schichten des Volkes, die sich so wesentlich anders gestaltet haben. Wie viel sich auch in den höheren Ständen der Gesellschaft geändert hat seit der Zeit, da die Incroyables und Stutzer Unter den Linden ihr Joujouspiel beim Spazierengehen schnurrend auf und ab tanzen ließen, die Offiziere mit schief gesetzten dreieckigen Hüten, den linken Arm zierlich in die Seite gestemmt, den rechten lang ausgestreckt auf ein spanisches Rohr stützend, sich quälten, eine kecke verwegene Miene (nämlich die eines sogenannten „Schwerenotskerls") anzunehmen, die Damen mit spitzen Männerhüten über einem Wulst dicker gepuderter Locken, mit einem dünnen Bambusstöckchen in der Hand auf Spaziergängen erschienen – wie viel sich auch in diesen Kreisen geändert hat, *so* durchgreifend durch alle Gestaltungen der Zeit sind jene Wandlungen nicht als die in den unteren Schichten.

Meine Mutter arbeitete inzwischen, so viel sie nur irgend vermochte. Leider waren nicht immer genug Bestellungen da, und wenn sie bloß auf den Verkauf arbeitete, mußte sie die Waren oft so billig losschlagen, daß sie nicht imstande war, Seide zu neuer Arbeit zu kaufen. Indessen wäre es allenfalls noch leidlich gegangen, wenn mein Vater nicht unglücklicherweise „Freiwächter" geworden wäre. Dies war auch eine von den schlimmen Einrichtungen jener Zeit, welche den Menschen zur Verzweiflung treiben konnten. Der Kompaniechef konnte nämlich einen Teil seiner Kompanie, ich glaube, den dritten, auf vier Monate beurlauben und bezog inzwischen den Sold dieser Mannschaft für seine Privatkasse. Die Beurlaubten waren während jener Zeit dienstfrei. Die Landeskinder gingen dann nach Hause zu ihren Angehörigen und kehrten nach abgelaufener Zeit wohl ausgefüttert zurück. Diejenigen, welche ein Handwerk trieben oder Gegenstände zum Verkauf anfertigten, arbeiteten dann zu Hause ungestört um so fleißiger. Wer aber in der Kaserne seine Heimat hatte, mußte bleiben, wo er war, behielt seine Wohnung, die Unteroffiziere auch meist ihre Schlafburschen, für deren Überwachung sie verpflichtet blieben; aber sie erhielten in vier Monaten keinen Pfennig Sold. Dieses Los traf auch meinen Vater; er wurde Freiwächter und konnte nun sehen, ob er von der Luft zu leben vermöchte. Die Unteroffiziere waren dabei viel schlimmer daran als die gemeinen Soldaten; letztere konnten sich ja durch Handarbeiten als Packträger, Handlanger, Schuhputzer, Kleiderreiniger, Helfer beim Wäscherollen und auf mancherlei Weise Nebenverdienst verschaffen;

denn zu allen diesen Verrichtungen nahm man damals Soldaten an; der Unteroffizier aber durfte dergleichen nicht tun.

Das war eine *schlimme* Zeit; da war es sehr schwer, sich satt zu essen. Meine Mutter mußte die ganze Wirtschaft erhalten, und mein Vater, dessen Vergoldungsarbeiten längst aufgehört hatten, da sie aus der Mode gekommen waren, mußte notgedrungen stricken helfen, obgleich es ihm trotz der guten Anweisung meiner Mutter nicht sonderlich von Händen ging. Der Vater meiner Mutter, der sie von Zeit zu Zeit besuchte, war selber zu arm, um helfen zu können, begnügte sich, sie zu erinnern, daß er all das Elend vorausgesehen und vorausgesagt habe, wozu freilich keine große Prophetengabe gehörte.

(aus: Karl Friedrich v. Klöden, Jugenderinnerungen, erschienen bei Fr. Wilh. Grunow, Leipzig 1874)

Fanny Lewald

(1832)

Im Jahre achtzehnhundertzweiunddreißig war das Reisen noch nicht so leicht als in unsern Tagen, und doch sah man es schon als einen ungemeinen Fortschritt an, daß man den Weg von Königsberg nach Berlin, der auf der Chaussee etwa achtzig Meilen lang war, in zweiundsiebenzig Stunden zurücklegen konnte.

Damals aber, als ich im Jahre achtzehnhundertzweiunddreißig meine erste Reise unter dem Schutze meines Vaters machte, fiel es mir sicherlich nicht ein, daß es nicht bequem sei, zweiundsiebenzig Stunden zu fahren. Ich saß an seiner Seite in dem Coupé des Wagens, der gute Kondukteur, ein großer dicker ehemaliger Kürassier-Unteroffizier, als Dritter neben uns, und ich empfand nichts als ein fortdauerndes Vergnügen über das Glück zu reisen und über all das Neue, das ich sah. Was aber war mir, die ich meine Vaterstadt niemals verlassen, die ich die Welt nicht weiter gesehen hatte als in einem Umkreise von sechs Meilen, was war mir nicht neu!

Glücklicherweise ließ sich damals noch mit den Kondukteuren reden, wie man das nannte. Sie hatten es nicht gar so eilig auf den Stationen, und mit einem Trinkgeld für sie und den Postillon ließ sich etwas Versäumnis leicht wieder einbringen. Tat der Kondukteur dann auch sehr ergrimmt, wenn die Passagiere selbst nach dem dritten Blasen nicht gleich kommen wollten, so fuhr er, und das war die Hauptsache, doch nicht eher ab, als bis er seine auf dem Stunden- und Courszettel wohlgebuchte Personenzahl beisammen hatte, und es war eigentlich ein höchst gemütliches Gefühl, beständig solch einen verantwortlichen, ehrlichen Beamten, solch einen gutmütig polternden Aufseher neben sich zu haben. Es war beinahe unmöglich, etwas zu versäumen, zu vergessen, zu verlieren; der Kondukteur gewährte fast alle Annehmlichkeiten eines Reise-Couriers.

In aller Gemächlichkeit besahen wir den Frauenburger Dom, die kopernikanische Wasserleitung, die, soviel ich mich erinnere, halb verfallen war, besuchten in Marienburg das in seiner Art einzige Ritterschloß, die Marienburg, das der deutsche Orden gegründet, und gingen gemächlich in dem freundlichen Elbing spazieren.

Die lange Tuchler Heide, die ganze Reihe häßlicher kleiner Judenstädte, durch die wir in Westpreußen zu fahren hatten, boten doch immer etwas dar, was mich beschäftigte, und als ich einmal nachts in Friedberg vor dem Posthause durch das Stillstehen des Wagens erwachte, war es mir so undenkbar, daß ich nicht zu Hause, daß ich im Postwagen und unterwegs wäre, daß ich mich förmlich und lange besinnen mußte, wie ich denn eigentlich hierhergeraten und was mit mir vorgegangen sei.

Am Morgen des neunzehnten April kamen wir in aller Frühe in Berlin an. Schon die Vorstädte hatten mir einen großstädtischen Eindruck gemacht, und die Frankfurter Linden, der Alexanderplatz, die Königstraße, die Kurfürstenbrücke setzten mich mehr und mehr in Erstaunen. Ich dachte nicht daran, daß ich drei Nächte nicht im Bette gewesen, ich fühlte nicht die leiseste Müdigkeit und war äußerst betrübt darüber, als mein Vater mir befahl, mich schlafen zu legen, nachdem wir unsere Zimmer im Hotel de Portugal in der Burgstraße eingenommen hatten. Ich versicherte, daß ich kein Auge schließen würde, denn die Sonne stand – es war sechs Uhr morgens – hell am Himmel, und ich war äußerst aufgeregt; aber die Natur machte ihr Recht doch geltend, und ich hatte einige Stunden vortrefflich geschlafen, als ich mit dem höchsten Glücksgefühl erwachte und mich nun ganz sicher und gewiß in Berlin befand.

Alles entzückte mich. Ich hatte zum ersten Male im Leben ein Zimmer für mich ganz allein, ich wohnte zum ersten Male im Leben in einem Hotel, ich wurde von Kellnern bedient, hatte rotseidene Fenstergardinen und einen schönen Teppich über den ganzen Fußboden, und was die Hauptsache war, ich hatte gar nichts zu tun, gar keine Pflicht zu erfüllen, war nur für mich selbst und zu meinem Vergnügen da, und alles, was geschah, geschah in gewissem Sinne um meinetwillen. Diese Befriedigung des Egoismus war mir sehr angenehm. Ich wiegte mich ordentlich in dem Gefühl der Freiheit. Ich dachte zwar nach Hause, an meine Stube, an die Mutter, an die Geschwister, die nun an die Arbeit oder in die Schule gehen mußten, aber nur, um mich darüber zu freuen, daß ich dieses alles nicht nötig hatte. Ich war wirklich sehr glücklich an dem Morgen, und ich kam mir so wichtig, so interessant vor, daß ich noch mit Vergnügen daran denke. Es schien mir, als fange das Leben erst jetzt für mich an, als liege die ganze Welt nun offen vor mir da, als müsse mir nun gleich das Beste und das Allerschönste begegnen, und als ich mich dann mit meinem für die Reise angeschafften Negligé, einem Foulard-Rock und einer kleinen Haube mit rosa Bändern, in das Fenster legte, um mit verwunderten Augen das altertümlich-prächtige Schloß und die Kurfürstenbrücke und die Statue des großen Kurfürsten anzustaunen, da war ich in meinem tiefsten Herzen überzeugt, Berlin müsse mich ebenso anziehend finden, als es mir erschien.

Indes, die zehn Tage, welche wir damals in Berlin verlebten, waren nicht danach angetan, meiner Selbstzufriedenheit wesentlichen Vorschub zu leisten oder den Erwartungen, welche ich mir von der Gesellschaft in der Residenz gemacht und die ich bei dem ersten Eintritt in dieselbe gleich fix und fertig vor mir zu finden gehofft hatte, irgendwie zu entsprechen. Ich lebte, nachdem wir das Hotel verlassen hatten, nicht in den eleganten Stadtteilen, sondern bei einer meiner Tanten in der häßlichen, lärmvollen

Münzstraße, und die ersehnten Kreise waren für mich nicht vorhanden. Ich war auf unsere Verwandten und auf die Geschäftsfreunde meines Vaters angewiesen. Das waren gute, brave Leute, indes, die Geselligkeit, welche ich bei ihnen fand, blieb fast überall hinter derjenigen zurück, an die ich in der Heimat gewöhnt gewesen war. Dazu kam, daß ich meinen Verwandten lange nicht so gut gefiel, als ich es mir erwartet hatte. Sie modelten auf alle Weise an mir herum. Meine Kleider hatten nicht den rechten Schnitt, die Taillen waren zu kurz, mein Haar war auch nicht nach der Berliner Mode geordnet. Ich trug Locken, die bei schwarzem Haar alt machen sollten. Auf mein Haar und auf meine Locken, die ich von Kindheit an getragen, war ich aber so stolz als Simson auf die seinen; und nachdem mein Äußeres kritisiert worden, ging es allmählich auch an die Kritik meines Verhaltens. Ich sollte zuvorkommender, sollte naiver, gelegentlich auch verlegener sein, denn so wie ich wäre, so ernsthaft und sicher und bestimmt, könne ich den Männern nicht gefallen; und zu gefallen müsse ich suchen, da sich sonst nicht leicht jemand finden dürfte, der sich ein Mädchen mit so viel unversorgten Geschwistern aus einer nicht bemittelten Familie zur Frau erwählen würde.

Mein Vater war übrigens an den Ermahnungen, in denen man sich gegen mich erging, sicher nicht ohne Anteil. Ich hörte einmal, daß er mit einem Bekannten davon sprach, wie sehr lieb es ihm sein werde, für mich „eine passende Partie" zu finden und wie er mich zum Teil deshalb mit sich genommen habe. Ich hätte vor Scham und Zorn aufschreien mögen in diesem Augenblicke. Ich kam mir wie eine elende Ware vor, die man auf den Markt führte, weil sich zu Hause kein Käufer dafür gefunden hatte, und ich wurde dadurch jedenfalls weder naiver noch heiterer, noch liebenswürdiger. Ich hatte die größte Überwindung nötig, mich schweigend zu verhalten.

An dem Abende, an welchem man den Correggio spielte, machte man mich in einem Zwischenakte auf eine Dame aufmerksam, die sich in einer der Logen befand. Sie war klein und betagt, hatte einen wunderlichen und nicht eben hübschen oder frischen Kopfputz auf und unterhielt sich mit einer neben ihr sitzenden Frau und mit zwei Herren, die hinter ihr saßen und sich zu ihr geneigt hatten. Man hörte ihr offenbar sehr aufmerksam zu, sie wendete aber im Sprechen den Kopf oft mit ungewöhnlicher Lebhaftigkeit nach dem Theater hin, ich konnte also sehen, daß sie einen dunklen Teint und sehr ernsthafte dunkle Augen hatte. Daß sie eine Jüdin sei, war unverkennbar, und man sagte mir, das sei Rahel Levin, die Frau von Varnhagen von Ense. Ich hatte ihren Namen nie gehört, nur um Varnhagens willen interessierte sie mich, und ich erzählte, daß wir von meiner Tante, der Doktor Assing in Hamburg, eine Empfehlung an ihren Bruder, an Herrn von Varnhagen, mitgebracht, aber auf meine Bitte nicht benutzt hätten, weil der gezwungene Empfang bei dem Geheimrat mir so widerwärtig gewesen sei. Man wollte meinen Vater überreden, noch am letzten Tage das Varnhagensche Haus mit mir zu besuchen, weil man sich dort von Rahels Güte und Varnhagens Humanität nur des Besten zu versehen habe. Indes, ich hatte Scheu davor, mein Vater war beschäftigt, und es unterblieb. Später hätte ich viel darum gegeben, Rahel, die durch ihre hinterlassenen Briefe ein Gegenstand meiner wärmsten Verehrung und Liebe geworden war, nur einmal in ihrem Hause gesehen und das Wort ihres beredten Mundes nur einmal vernommen zu haben.

Von Berlin, das ich mit solch kindischer Zuversicht betreten, schied ich eigentlich in recht bedrückter Stimmung, obschon meine Briefe in die Heimat davon nichts verraten haben und mein Vater keine Ahnung davon hatte.

(aus: Fanny Lewald, Meine Lebensgeschichte, erschienen bei Janke, Berlin 1861/62)

Theodor Fontane

(1835)

Anderthalb Jahre ging es mir in meiner Onkel-August-Pension durchaus gut, zu gut, denn ich lebte da ganz nach meinem Belieben. Als aber Ostern fünfunddreißig heran war, verließen wir – und nun wurde manches anders – die reizende kleine Wohnung und übersiedelten, während das Geschäft noch eine Zeitlang in der Burgstraße verblieb, nach einem in der Großen Hamburger Straße gelegenen Neubau. Dieser Neubau war ein Doppelhaus, dessen gemeinschaftlicher Hof durch eine traurig aussehende niedrige Mauer in zwei Längshälften geteilt wurde. Trotzdem alles ganz neu war, war alles auch schon wieder wie halb verfallen, häßlich und gemein, und wie der Bau, so war auch – ein paar Ausnahmen abgerechnet – die gesamte Bewohnerschaft dieser elenden Mietskaserne. Lauter gescheiterte Leute hatten hier, als Trockenwohner, ein billiges Unterkommen gefunden: arme Künstler, noch ärmere Schriftsteller und bankrotte Kaufleute, namentlich aber Bürgermeister und Justizkommissarien aus kleinen Städten, die sich zur Kassenfrage freier als statthaft gestellt hatten. Eine Gesamt-Gesellschaft, in die, was mir damals glücklicherweise noch ein Geheimnis war, mein entzückender Onkel August – er war wirklich entzückend – durchaus hineingehörte. Wir wohnten Parterre. Das von mir bezogene Zimmer, das so feucht war, daß das Wasser in langen Rinnen die Wände hinunterlief, lag schon in einem uns von dem alten Judenkirchhof abtrennenden Seitenflügel, welch letzterer sich, nachdem man einen kleinen, sich einschiebenden Zwischenflur passiert hatte, weit nach hinten zu fortsetzte. Was in diesem letzten Ausläufer des Seitenflügels alles zu Hause war, war mehr interessant als schön. Da hauste zunächst Alma. Alma war eine kleine, sehr wohlgenährte Person mit roten Backen und großen schwarzen Augen, die mit seltner Stupidität in die Welt blickten. Ihre Hauptschönheit, und zugleich auch das Zeichen ihres Berufes, war eine mit minutiöser Sorgfalt gepflegte Sechse, die sie, glatt angeklebt, zwischen Ohr und Schläfe trug. Als mein Vater mich einmal in dieser meiner Wohnung besuchte, war er auch dieser Alma begegnet. „Ihr habt ja da merkwürdige Besatzung auf eurem Flur", sagte er in seiner herkömmlichen Bonhommie. „Das ist ja eine puella publica." Ich hatte diesen Ausdruck noch nicht gehört, fand mich aber schnell zurecht und bestätigte alles.

Alma hatte Zimmer und Küche. Dahinter kam eine zweite Wohnung, ebenso primitiv, in der, wenn ich den Namen richtig behalten habe, ein Graf Brodczinski mit seinem Sohne wohnte. Der alte Graf – der übrigens vielleicht bloß Edelmann und nur durch das Sensationsbedürfnis Almas und ähnlicher Hausinsassen auf eine höhere Rangstufe gehoben war – war wahrscheinlich Militär gewesen, wenigstens sprach seine Haltung dafür. Es war ein auffallend schöner, alter Herr, der in seinem Bettlermantel mich immer an Almagro, der damals, ich war nicht wählerisch, mit unter meinen Lieblingshelden war, erinnerte. Besagter Almagro war eine Zeitlang so arm, daß er mit seinem Offizierskorps zusammen nur einen Mantel hatte, weshalb immer nur einer von ihnen sich vor der Welt sehen lassen konnte. Trotzdem hing ich an ihm, dem richtigen alten Almagro, ja, seine Bettlerschaft steigerte für mich seinen Conquestadorenreiz. Ähnlich erging es mir mit dem alten Brodczinski, betreffs dessen mir feststand, daß er, eh er arm wurde, bei Grochow und Ostrolenka Wunder der Tapferkeit verrichtet haben müsse. Brodczinski, den ich mit allem möglichen Romantischen umkleidete, war übrigens auch Samariter, wobei der Umstand, daß seine Samariterdienste nur seinem

Sohne galten, mich nicht störte. Dieser Sohn, ein schöner Mann wie der Vater, war ein Sterbender, in den letzten Stadien der Schwindsucht. Und doch mußte sein Leben, wenn möglich mit allen Mitteln, erhalten werden, denn an seiner Existenz hing auch die des Vaters. Er, der junge Graf, hatte, solange er noch körperlich und geistig bei Kräften war, eine doppelte Einnahmequelle gehabt, als Dichter und als Liebhaber, ein Fall, der öfter vorkommt, wenn Dichter und Liebhaber demselben Gegenstande dienen. Bei dem jungen Grafen aber war alles in einer scharfen Zweiteilung aufgetreten. Seine Liebe hatte sich einer reichen Witwe, seine Dichtung dagegen einer Anzahl älterer Prinzessinnen zugewandt, die, solange es irgendwie ging, mit Loyalitätssonetten überschwemmt worden waren. Es muß dabei übrigens gesagt werden, daß sich alle bei der Sache Beteiligten, also zunächst die Witwe, dann aber auch die Prinzessinnen, in einer gewissen schönen Menschlichkeit bewährten und ihren armen Grafen nicht fallenließen, als längst weder von Liebe noch von loyalen Huldigungen die Rede sein konnte. Verhältnismäßig häufig – und alle Hausbewohner liefen dann zusammen – erschienen königliche Lakaien, um einen Brief samt Geldgeschenk abzugeben, noch viel häufiger aber fuhr die reiche Witwe vor und ließ durch ihren Diener allerlei Speisen und Weine bei dem armen Kranken abgeben. Alles war dann gerührt, am meisten Alma.

...An der Ecke Schönhauser und Weinmeisterstraße, will also sagen an einer Stelle, wohin Direktor Klöden und die gesamte Lehrerschaft nie kommen konnten, lag die Konditorei meines Freundes Anthieny, der der Stehely jener von der Kultur noch unberührten Ostnordostgegenden war. Da trank ich dann, nachdem ich vorher einen Wall klassisch-zeitgenössischer Literatur: den „Beobachter an der Spree“, den „Freimütigen“, den „Gesellschafter“ und vor allem mein Leib- und Magenblatt, den „Berliner Figaro“, um mich her aufgetürmt hatte, meinen Kaffee. Selige Stunden. Ich vertiefte mich in die Theaterkritiken von Ludwig Rellstab, las Novellen und Aufsätze von Gubitz und vor allem die Gedichte jener sechs oder sieben jungen Herren, die damals – vielleicht ohne viel persönliche Fühlung untereinander – eine Berliner Dichterschule bildeten.

(aus: Theodor Fontane, Autobiographische Schriften. Von Zwanzig bis Dreißig, erschienen bei F. Fontane & Co., Dresden 1898)

Ernst Kossak

(1845)

Sehen so manche kleine, arme Straßen, die in große und vornehme münden, wie unbezahlte Rechnungen aus, die alle Tage wieder anklopfen und vor Verschämtheit und Bedürftigkeit umkommen wollen; so gibt es nichts den Menschen Verstimmenderes als eine große, lange und – arme Straße. Solch eine verstimmende ewig lange Straße ist die Linienstraße, mager wie die mathematische Linie, die ihr mitleidig einen Namen vorgeschossen hat, krumm, als ob sie einen Katzenbuckel vor einem wohlhabenderen Stadtviertel machte, und lang wie – deutsche Geduld. Wenn eine andere Straße sie durchschneiden muß, macht diese, daß sie rasch weiter kommt, und Droschken auf den in ihr gelegenen Halteplätzen sehen um fünf Grad trauriger aus.

Als die neue Zeit kam, wo anständige Staatsmänner den Ereignissen immer gerade um eine Pferdelänge voraus sind, konnte der Fortschritt nichts anderes für sie tun, als daß er in ihr ein Leihhaus baute, Leihhaus Nr. 3, das nun da steht mit seinen eisernen Fensterstäben in der unteren Etage wie ein reicher Kerl, der sich die Taschen zuhält und mißtrauisch um sich blickt.

Es gibt Sommertage, wo der Sonnenschein dort auf einem Ecksteine sitzt und die armen Kinder wehmütig ansieht, die im Schatten spielen, und wieder Wintertage, wo das Trottoir, das nur auf einer Seite liegt, hochmütig zu dem Wanderer auf der anderen Seite sagt: „Du kannst zu mir kommen, nicht ich zu dir“, wo selbst die Hunde sich gestatten, determinierter aufzutreten, weil sie hier zeigen dürfen, daß von ihrer Steuer dieses Trottoir erbaut ist.

Wer täglich die Linienstraße entlanggehen muß, der bekommt schon bei Lebzeiten einen hippokratischen Zug in das Gesicht, und wenn ein genialer Dichter hier längere Zeit wohnen sollte, wird man einmal im Lokalbereich lesen: Gestern erhängte sich ein junger Mann in der Linienstraße aus unbekannten Gründen. Der Psychologe aber weiß, daß er an der Linienstraße selber gestorben ist.

Sonntagmorgens, wenn die reichen Leute in ihren Equipagen durch das Schönhauser Tor nach Pankow fahren, wenn man die blühenden Linden zwischen Akzise und Torwache durchriecht; dann geht man nicht zum Tor hinaus, sondern biegt links in die Linienstraße und geht weiter, bis man rechts ein anderes Tor hat, das wieder einen schönen Namen trägt; es heißt wohl das Rosenthaler Tor.

Es hat eben sieben Uhr geschlagen, und ihr steht mitten auf einem Markt, denn diese Gegend hat Sonnabendvormittag keine Zeit und wahrscheinlich auch kein Geld gehabt, um Markt zu halten; ihr habt ihn vor euch: den Sonntagsmarkt der Armut.

Da liegen Brote, so groß und schwarz, daß ein zärtlicher Magen davor erschrickt und die Buttersemmel in der Tasche sich furchtsam duckt wie die Gefährten des Odysseus vor Polyphem. Dort sind Zwiebeln, so viele und große Zwiebeln, um die ganze Welt weinen zu machen, wenn es, um diese arme Welt weinen zu machen, noch der Zwiebeln bedürfte! Jenes Grünzeug dort hat gestern auf dem Markt der Wohlhabenheit eine wohlverdiente Zurücksetzung erfahren und die Nacht grollend und schmollend zugebracht, ohne zu ahnen, daß es heute morgen doch noch einen Beruf zu erfüllen hat. Jetzt wirft sich der schäbig gentile Blumenkohl in die Brust, zupft sein krauses zerknittertes Chemisett hervor und verachtet die Mohrrüben, die sich dort in den schmutzigen Körben langweilen: alte welke Jungfern, die gestern von keinem Kotelett auf dem Dejeuner dansant zum Tanze aufgefordert worden sind. Grüne Bohnen erzählen albern kichernd von den Heringen, die sich in den nahen Fässern etwas Weitgereistes zu geben suchen und die Mienen von Polarexpedienten haben, während sie doch durch ihre robuste Natur, breite Rücken und dumme Physiognomien verraten, daß sie ihre Jugend vor Swinemünde im halbsalzigen Wasser verträumt haben. Die Kartoffeln treten mit dem Selbstbewußtsein auf, das aus dem Gefühl der Unentbehrlichkeit zu entspringen pflegt, sie blicken mit derselben Sicherheit um sich wie Studenten oder Offiziere, die einen Ball arrangiert haben. So sehen auch die Kartoffeln aus, als ob sie eigentlich alle übrigen Viktualien eingeladen hätten, und die guten Wesen mögen so unrecht nicht haben!

Die Fleischwaren sind einer genauen Betrachtung wohl wert. Die Aristokraten unter den Ochsen, Kälbern und Schweinen tragen ihre Gebeine nicht hierher; es sind arme Verwandte, Seitenlinien, Individuen, die einem siechen Alter nur durch frühen, gewaltsamen Tod entgingen, welche hier den mutwilligen Fliegen zur Kurzweil dienen. Denn die Fliegen scheinen wenn nicht ältere Ansprüche, so doch jüngere an diese Rohstoffe zu erheben als die Menschen, Ansprüche, die um nichts schwächer scheinen, weil sie so neu sind, und die Morgensonne selber scheint sie zu ermuntern und ihnen mit dem vorrückenden Tage bedeutende Konzessionen zu verheißen. Würste mit polizeiwidrigen konfiszierten Physiognomien, kleine Schlackwürste mit römischen Nasen und verdrossen, als ob sie heute noch nüchtern wären, Leberwürste, bleich und aufgedunsen, offenbar übler Laune, daß man sie so frühe in ihren Meditationen gestört hat, durch und durch leberkrank und hypochondrisch! Endlich liegen da Teile von Tieren, die ihren früheren Inhabern zum Laufen gute Dienste geleistet haben, als Essen gedacht, aber den Menschen zum Weglaufen einladen könnten. Nicht weit davon kleine Holzvorräte, magere Kienbündel, Eier von einem kleineren Hühnergeschlecht oder von Hühnern, die ein übriges getan und ihren Gebietern wöchentlich ein überzähliges, aber winzigeres Ei für diesen Armutsmarkt gelegt haben.

Von alledem zu kaufen haben sich Menschen eingefunden, viele Menschen, die durch ihre Zahl ersetzen wollen, was ihnen an Aussehen und Besitz fehlt. Neben einer armen Mutter steht ein Töchterchen, die kleinen Hände unter der Schürze verborgen – alle leeren und kalten Kinderhände stecken ja unter der Schürze –, und beobachtet, wie die Mutter um einiges Gemüse handelt, als ob es Lehren für das ganze Leben abzulernen gelte, als ob die ganze Theorie der Armut an dem Kauf dieser Handvoll Wurzeln und Petersilie entwickelt würde!

Vor den gigantischen Broten steht ein ausgehungerter Mann und durchbohrt ein Exemplar, das er in der Hand wägt, mit dem Blicke eines Richters, der einen verstockten Bösewicht vor sich hat. Noch scheint er zweifelhaft, ob er den großen Wurf des Ankaufes wagen soll – kein Doktor kann tiefsinniger nachrechnen, wie lange sein Patient noch leben wird, als dieser Mann, der dem Brote fast an den Puls faßt und kalkuliert, wie lange es reichen wird und ob nicht jenes dort ein wenig größer ist, damit der kleine Junge zu Hause mit den langen blonden Locken, die der Friseur in der Jägerstraße neulich kaufen wollte, täglich eine Scheibe mehr bekommen kann.

Auch ein Hering ist schon entführt, der Flügelmann der Tonne, und zwar von einem Trunkenbold, der in seinen Armen den Rausch des vorigen Abends vergessen will. Und er geht mit ihm ab, als führte er eine Geliebte heim, um die er sieben Jahre geworben. Der Polizeibeamte aber blickt ihm einsichtig nach, denn er weiß, daß er ihn noch heute abend da finden wird, wo er gewöhnlich zu Bette zu gehen pflegt, seinen eigenen Hut unter dem Kopf und zugedeckt vom freien Himmel und dem kopernikanischen Weltsystem – in der Gosse.

Jenem Manne, der seine dünnen Haare mit einem Kamme zusammengesteckt hat und dem niemand ansieht, daß er tagein, tagaus elegante seidene Stoffe webt, die hernach um schöne Frauengestalten rauschen, folgt ein Bauer mit einem Holzwägelchen und zugleich der Neid auf hundert Gesichtern. Wie lange mag der arme Seidenwirker für diese Bereicherung seines Haushaltes gespart haben?!

Man traut nicht seinen Augen, wenn man auch Blumen auf diesem Markt sieht, freilich nicht die duftenden zierlich frischen Blüten, die den Gendarmenmarkt schmücken, aber doch Blumen in Töpfen und nicht in Sträußen, weil diese Blumen lange vorhalten sollen und der Armut nicht zu rasch verblühen dürfen. Viel schlechter Goldlack und Levkojen, ein wenig von Raupen benagt, aber doch noch in Blüte.

Schon hat ein Wesen etwas hermaphroditischer Natur, vielleicht ein Hospitalit – sein Rock sieht wenigstens wie das Geschenk eines Mäcenas, vielleicht gar eines Beschützers der Anstalt selbst aus und zierte einst den Kutscher –, einen Gewächstopf erstanden und trägt ihn stolz, aber vorsichtig nach Hause. Weder Humboldt noch Link würden dieses vegetabile Rätsel erklären können. Einige dürften es für eine Reitpeitsche halten, die sich zur Ruhe gesetzt, einiges erübrigt hat und auf ihre alten Tage so etwas wie ein Rentier geworden ist, der in einem Topfe ein stillvergnügtes Dasein feiern will und schon drei Blätter getrieben hat; andere möchten behaupten, daß diese zwei Schuh lange Gerte einem unbekannten Pflanzengeschlecht angehöre, das eigentlich nie blühe, sondern nur zum Schrecken der Schuljugend auf Kathedern ein Schmarotzerdasein führte, eigentlich aber doch in die Klasse der hautreizenden Pflanzen passe.

Gleichviel, blüht das Gewächs nicht, so wird es doch begossen werden, am offenen Fenster stehen, wahrscheinlich beim nächsten starken Winde einem Vorübergehenden auf den Kopf herabgeworfen werden und zu einer Klage Veranlassung geben, die den Besitzer auf drei Tage ins Gefängnis führt – ein teures und verderbliches Gewächs.

Nun hört man es in der Entfernung läuten, und eine seltsame Unruhe gibt sich unter den Käufern und Verkäufern kund. Wollen sie zur Kirche gehen? Sie sehen nicht danach aus. Die Mehrzahl geht gewiß nur bei den Taufen und Konfirmationen ihrer Kinder ins Gotteshaus oder auch nur in der Woche, d.h., um zuzusehen, wenn die Tochter eines reichen Bäckers oder Brauers Hochzeit hält.

Nein – es ist Zeit, den Markt zu schließen; die Sabbatfeier fängt an. Polizei im Tugendeifer, voll sittlicher Entrüstung – es herrscht viel Sittlichkeit in der Berliner Polizei –, geht mit enragiertem Gesicht umher – selbst die Backen wetteifern mit Nase und Rockkragen im schönsten Polizeirot –, es ist Zeit, zornig zu werden – die Menschheit ist zu verstockt. Aber sie hat nicht nötig, sich körperlich zu schaden, man gehorcht, der Markt ist von selbst vorbei, denn die Sechser- und Dreierflut hat sich verlaufen, und kein Umsatz ist mehr möglich.

In kurzer Zeit hat sich die Menge entfernt, wie aufgesaugt von den dürren, duftigen Quergäßchen, versunken in Kellern, gehuscht in Türen wie Mauerritzen; elende Gespenster, die verschwinden müssen, wenn der Hahn des Gesetzes den Sonntagsanfang ausgekräht hat.

Einen Augenblick gehört die Straße dem muntern Tage, dem verirrten Schmetterling, den Hunden vor dem Milchkarren, die rachsüchtig der Katze nachlaufen, die ein Wurstfragment mit philologischer Sauberkeit in ihr Studierkatzenloch trägt; dann aber öffnet sich die glänzende Haustür jenes großen Hauses, ein Mann tritt heraus mit Bratenrock und Bratengesicht, er stäubt ein Federchen vom Rockärmel ab, dankt nickend den demütig grüßenden Gassenkehrern, drückt das Gesangbuch mit Goldschnitt unter den Arm und nimmt mit der Miene des Ekels eine Prise Karotten, denn eines ist ihm ebenso zuwider wie ein kleiner Mieter, der am Ersten nicht zahlt – vor seiner Tür: der Sonntagsmarkt der Armut.

(aus: Ernst Kossak, Berlin und die Berliner. Humoresken, Skizzen und Charakteristiken, erschienen bei A. Hofmann und Comp., Berlin 1851)

-ski.

(1899)

Das älteste Berliner Kino, das Pritzkow-Kino, kann sich mit dem goldenen Jubiläumskranz schmücken. Vor 50 Jahren eröffnete Otto Pritzkow in der Münzstraße 16 sein „Abnormitäten- und Biograph-Theater"...

Der damals 23jährige Pritzkow, ein weitblickender und unternehmungslustiger Geschäftsmann, kannte seine Spreeathener: Wer ihnen für wenig Geld etwas bietet, gewinnt ihre Herzen im Fluge. Mit seinen Abnormitäten und „lebenden Photographien" bot er ihnen für einen Groschen Neues, Sensationelles, Niedagewesenes. Erwartungsvoll wie etwa heute vor einem Boxkampf stand man vor den geheimnisvollen Automaten, um die Kurbel zu drehen und pikante Sensatiönchen, wie „Die Hochzeitsnacht", „Der eifersüchtige Gatte", zu genießen, sich Wonneschauer bei Dramen, wie „Der Rächer seiner Ehre", „Des Mörders letzter Gang", über den Rücken rieseln zu lassen oder bei Ulkszenen, wie „Die geplatzte Hose", „Die erste Zigarette", Tränen zu lachen.

Dann kamen die ersten Kurzfilme auf. 60 bis 100 Meter lang. Auch sie waren zum Gruseln oder zum Quietschen. Fünf Filme – etwa die Hälfte der Vorstellung – kosteten 10 Pfennig Eintritt. Wer länger bleiben wollte, zahlte 10 Pfennig nach. Und ob die Berliner nachzahlten! So mancher Stammgast konnte sich einfach nicht sattsehen. Da Kurzfilme aber nicht das Programm füllten, nahm Pritzkow Abnormitäten hinzu, wieder staunten die Berliner: Da war Jopitocki, der Mann, der sich die Haut über Kopf und Ohren zog, da waren die tätowierte Frau und die 485 Pfund schwere Riesendame Ilona, nicht zu vergessen Sisi, das aus dem Nichts entstandene Rätselweib – ein Spiegeltrick –, und das Wunder aller Wunder: Aga, die schwebende Jungfrau. Wochenlang schwebten in Berlin zwei Agas, die eine bei Pritzkow, die andere im Passagetheater, nur mit dem Unterschied, daß der Trick bei Pritzkow viel einfacher war, während man im Passagetheater nach dem Grundsatz arbeitete: Warum denn einfach, wenn es auch kompliziert geht? Eine bewunderte „Abnormität" besonderer Art war damals auch das erste elektrische Klavier.

Die Polizei hatte bis dahin Film und Kino noch nicht gekannt, und was man nicht kennt, verbietet man zunächst mal. Es gab heftige Kämpfe um die Konzession. Dann ließ die Polizei Türen im Vorraum einsetzen, Pritzkow hob sie wieder aus und brachte sie in den Keller, denn er hätte sonst das Publikum nicht so leicht in hellen Scharen anlocken können, wollten sich doch viele Besucher im Genuß der Vorfreude zuerst die Bilder im Vorraum ordentlich anschauen. Das liebliche Spiel mit dem Einsetzen und Ausheben der Türen wiederholte sich mehrmals, bis Pritzkow die Sache zu dumm wurde und er direkt zum Kaiser fuhr.

Daß Männlein und Weiblein im Dunkeln zusammensitzen sollten, wollte der hohen Obrigkeit auch lange Zeit nicht einleuchten. Sie verlangte nicht nur getrennte Sitzplätze, sondern auch Ein- und Ausgänge für das starke und das schöne Geschlecht. Ein anderes Mal setzte sich Pritzkow in eine Droschke und klapperte alle einflußreichen Stadtverordneten ab, um eine Ermäßigung der Lustbarkeitssteuer durchzupauken, die die Hälfte der Bruttoeinnahmen verschlang...

Im Jahre 1941 setzte der Tod dem Wirken des Fünfundsechzigjährigen ein Ende. Seine Witwe und seine Tochter führen das Unternehmen an der alten Stelle, Memhardstraße 17, früher Münzstraße 16, im modernen Gewande als Tageskino fort, und wie vor 50 Jahren bietet das Pritzkow-

Kino seinen Besuchern Unterhaltung und Entspannung von Arbeit und Unrast.

(aus: -ski., Bei Pritzkow war schon immer was los, erschienen in: „Der Morgen“ vom 30.10.1949)

Polizeipräsident v. Oppen

(1917)

Bericht des Polizeipräsidenten Berlin an das Oberkommando in den Marken

Berlin, 16. April 1917

Die aus Anlaß der Verkürzung der Brotmenge heute in einer großen Reihe von Betrieben in Berlin und seiner Umgegend durch die Ortsverwaltung des deutschen Metallarbeiter-Verbandes hervorgerufenen Arbeitsniederlegungen stellen folgendes Bild dar:

Im allgemeinen kann man die heutige Straßenkundgebung der Berliner Arbeiterschaft als einen Mißerfolg bezeichnen. Trotz der großen Anzahl der Feiernden – es sind etwa 130 000 Arbeiter – fehlte den Kundgebungen der erwartete Zulauf; nur ein kleiner Bruchteil zeigte sich auf der Straße, die große Menge blieb ruhig zu Hause, ein Anzeichen dafür, daß diese Arbeiter nur notgedrungen der Aufreizung der radikalen Hetzer in den Gewerkschaften gefolgt sind. In den kleineren Betrieben war die Arbeiterschaft größtenteils zur Frühschicht überhaupt nicht erschienen. In den Großbetrieben erfolgte die Arbeitseinstellung von 8 oder 9 Uhr vormittags ab. Ein Teil der Feiernden begab sich zu Versammlungen, während ein anderer Teil sich zum Zweck von Kundgebungen durch die Straßen bewegte. Wiederholt bildeten sich unter den letzteren Züge von einigen Tausenden, die versuchten in das Stadtinnere zu gelangen. Diese Züge wurden zumeist rechtzeitig von der Schutzmannschaft an ihrem Vorhaben gehindert, einige

Züge wurden ohne Anwendung von Waffengewalt zerstreut, andere lösten sich nach längerem Umherziehen von selbst auf. Unter anderen bildete sich etwa zwischen 10 und 11 Uhr vormittags auf dem Sportplatz am Humboldthain ein Zug von 3–4000 Menschen, die von dort durch die Brunnen- und Linienstraße, durch das Schönhauser Tor, die Münzstraße und über den Alexanderplatz in das Stadtinnere zu gelangen sich bemühten; sie wurden aber an der Kurfürstenbrücke von der Schutzmannschaft ohne Anwendung von Waffengewalt zurückgewiesen und zerstreut. Nur etwa 150–200 Personen, zumeist halbwüchsiges junges Volk, denen sich die Abgeordneten Adolph und Paul *Hoffmann* beigesellt hatten, gelang es in den Lustgarten einzudringen; sie unternahmen es, am Denkmal Friedrich Wilhelms IV. eine Kundgebung zu veranstalten, die aber der Verhöhnung der Vorübergehenden verfiel. Die herzueilenden Schutzleute hatten keine Schwierigkeit, diese kleine Gruppe zu vertreiben.

Wie nicht anders erwartet, sind auch einige, wenn auch geringfügige Ausschreitungen vorgekommen. So versuchten etwa 100 bis 150 junge Burschen und Mädchen, darunter auch Schulkinder, in der Münz-, Gips- und Großen Hamburgerstraße einige Geschäfte zu plündern. In etwa 5–6 Bäckerläden wurden die Schaufenster zertrümmert und hierbei Backwaren entwendet. Durch einige schnell herbeieilende Schutzleute wurde der Janhagel mit flacher Klinge vertrieben; 5 junge Burschen wurden festgenommen. Vor dem Hause Wilhelmstraße 39 mußte bei einem Auflauf von etwa 100 Personen von der Waffe Gebrauch gemacht werden, jedoch fand keine Verletzung statt. Unter den Linden wurde nachmittags beim Zerstreuen eines Zuges von etwa 100 halbwüchsigen Burschen die Schaufensterscheibe des Kaffee „Dreiwurst“ neben der Passage eingeschlagen; dem gleichen Schicksal durch einen anderen Zug verfiel das Schaufenster einer Konditorei in der Markgrafenstraße. Die dort ausgestellten Torten wurden entwendet; ein Täter wurde festgenommen. Gegen 4 Uhr nachmittags zertrümmerten etwa 150 junge Leute, Burschen und Mädchen, in der Sebastian- und Buckowerstraße die Schaufenster dreier Bäckerläden und führten Waren mit fort. 11 Täter wurden festgenommen. Gegen 5 Uhr wurde von einer Rotte von 80 Menschen, Männer, Frauen und Jugendliche, im Hause Lichtenberger Straße 11 eine Bäckerei durch Zerschlagen des Schaufensters und Entwenden von Brot geschädigt. 2 Täter wurden festgenommen.

Soweit sich die weitere Entwicklung bis jetzt übersehen läßt, wird morgen in der Mehrzahl der Betriebe die Arbeit wieder aufgenommen werden.

v. Oppen

(aus: Dokumente aus geheimen Archiven, Band 4, 1914 bis 1918, erschienen bei Hermann Böhlaus Nachfolger, Weimar 1987)

Victor Tissot

(um 1875)

Das Arbeitshaus ist das älteste städtische Asyl Berlins. Die Berliner haben es „Ochsenkopf" getauft. Dieses alte und weitläufige Bauwerk am Alexanderplatz hat über ein Jahrhundert lang als Polizei- und Bettlerdepot gedient sowie als Gefängnis für gefallene Mädchen, als Irrenhaus und als Gefängnis für jugendliche Verbrecher.

„Weder in London noch Paris, Wien oder Madrid", erklärte der Literat G. Rasch – er verfaßte u.a. „Die dunklen Häuser von Berlin", erschienen 1863 in Wittenberg –, der dieses üble Haus vor fünf oder sechs Jahren besuchte und uns reichhaltiges Material darüber lieferte, „habe ich etwas Unwürdigeres, Schmutzigeres und Abstoßenderes gesehen. Alles Elend, alle Verworfenheit, alle Fäulnis der Hauptstadt sind hier angehäuft. In einem kleinen Hof sitzen die Freudenmädchen und klappern vor Kälte mit den Zähnen, bewacht von Polizisten; in einem anderen Hof trägt ein Mann einen Sarg aus Kiefernholz wie ein Paket in ein Gebäude; in dem dritten Hof drehen die Verurteilten ein Mühlwerk, einer an den anderen gefesselt wie blinde Pferde. In das Asyl schleppen sich entkräftete Greise und ausgehungerte Frauen hinein, die eine letzte Zuflucht, eine dunkle Ecke suchen, in der sie sich niederlegen und sterben können. Es ist ein Gewimmel von Tieren mit menschlichen Gesichtern, und aus diesem Gewimmel ertönen Klagen, Flüche, Seufzer, Drohungen und Obszönitäten. Außerdem ist während der Nacht wie ein höllischer Chor das Geheule der Irren zu hören, die sich gegen die Zellentüren werfen. Man könnte dabei selbst verrückt werden!"

Im Jahre 1862 wurden die Stimmen gegen diese Zustände in der Presse so stark, daß man die Geisteskranken woanders unterbrachte und die Frauen von den Männern trennte. Das war jedoch alles, was man tat. Diese Zustände rührten die großmütigen Seelen, und es wurde ein Komitee zur Gründung von zwei menschenwürdigen Asylen unter der Schirmherrschaft der Königin Augusta eingesetzt. Zwei Jahre später konnten ein Frauenasyl in der Füsilierstraße Nr. 3 und ein Männerasyl in der Buschingerstraße Nr. 4 eröffnet werden.

Schon immer wollte ich diese beiden Einrichtungen kennenlernen, aber wartete immer darauf, diesen Besuch mit der Teilnahme an einer Razzia in der Verbrecherwelt verbinden zu können. Ein junger österreichischer Diplomat, dem ich von meiner Absicht erzählte, sicherte mir seine einflußreiche Unterstützung zu. Eines Morgens erhalte ich schließlich folgende Nachricht: „Heute abend ist es soweit. Der Kommissar meines Wohnbezirks nimmt uns mit. Er hat Dienst bei der Versammlung der Sozialisten, die um sieben Uhr abends in der Sophienstraße Nr. 15 stattfindet. Er hofft, um neun Uhr frei zu sein, und wird uns dann zu den Asylen begleiten. Sie treffen mich um sieben Uhr vor dem erwähnten Haus. Einfache Kleidung, weicher Filzhut, keine Uhr und ein Knüppel sind erforderlich."

Um sechs Uhr ziehe ich einen alten Rock an, alte Schuhe, setze auf den Kopf einen breitkrempigen Filzhut und bewaffne mich noch mit einem Knotenstock. So begebe ich mich zum ausgemachten Treffpunkt. Mein Freund erwartet mich an der Tür in ähnlicher Kostümierung. Wir treten ein, keiner der Anwesenden beachtet uns. Der Saal mit seiner umlaufenden Galerie ist bis zum Dach mit Menschen besetzt. Darunter viele finstere Gestalten mit durch das Elend verdüsterten Gesichern, da und dort jedoch auch einige feine Gesichter, wahrscheinlich Ladenverkäufer und Büroangestellte. Bei etwas weniger Licht und mehr bärtigen Gesichtern könnte man das Ganze für eine Versammlung von Verschwörern halten.

Als der Reichstagsabgeordnete Hasselmann, einer der Führer der deutschen Sozialisten, auf das Podium geht, um die Versammlung zu eröffnen, steigt ein junger Bursche auf einen Stuhl und fragt die Anwesenden, ob sie damit einverstanden seien, daß zwei Männer an der Tür postiert würden, um eine Geldsammlung zu veranstalten, „für die Deckung der Unkosten des Komitees". Niemand ist dagegen. Hasselmann ergreift nun das Wort. Der Chefredakteur der Zeitung „Der Neue Sozialdemokrat" ist klein und stämmig. Er trägt einen Bart, der fast so rot ist wie seine politischen Ansichten. Seine Kleidung besteht aus einem schwarzen Rock und einer weißen Weste. Dieser Aufzug erscheint ziemlich unpassend gegenüber seinen Genossen in ihren Arbeitsblusen. Hasselmann befaßt sich in seiner Rede wieder mit dem altbekannten sozialistischen Schrott, d.h. er spricht vom unvermeidlichen „Schweiß des Volkes", vom „infamen Kapital" und von „der Frau, die nur noch Handelsware ist". Weiter erklärt er: „Im sozialistischen Staat wird die Ehe abgeschafft und die Frau ihrer natürlichen Bestimmung zurückgegeben. Die Religion und die Familie, so wie man sie jetzt versteht, sind nicht mehr möglich; die Frau muß von allen ihren Fesseln befreit werden." Dies ist das Leitthema seiner Rede.

Dann steigt unter frenetischem Beifall der Zuhörer Hasenclever auf das Podium. Er beginnt damit, daß Lassalle ihrer aller Herr und Meister sei und der „bedeutendste jüdische Bürger auf der Welt". Dann spricht er vom Volksstaat, d.h. von der Kommune, wo die Moral das Laster ersetzt und wo das Elend und der Klassenhaß abgeschafft würden. Er ereifert sich immer mehr, und auch seine Zuhörer geraten zusehends in Erregung. Daraufhin zieht der Polizeikommissar Hasenclever an den Rockschößen vom Podium und erklärt die Versammlung für aufgelöst.

Der Kommissar, der uns in die Asyle führen wollte, kann uns nicht begleiten, da er noch dienstlich verhindert ist.

Doch händigt er uns seine Karte aus, die er mit einem kurzen Einführungsvermerk versieht, und bemerkt dazu: „Gehen Sie ohne Bedenken hin, nehmen Sie eine Droschke, und wir treffen uns dann um zehn Uhr bei der Konditorei an der Ecke der Friedrichstraße auf der Seite des Rathauses."

Wir steigen in eine Droschke, und ich rufe dem Kutscher zu: „Zur Füsilierstraße, aber halten Sie an der Straßenecke." Er wirft uns einen sonderbaren Blick zu, zögert etwas, fährt dann aber doch los.

Inzwischen ist es Nacht geworden. Einige armselige Gasfunzeln in weiten Abständen beleuchten nur notdürftig eine lange und enge Straße, in die unsere Droschke einbiegt. Rechts und links bemerken wir eine Anzahl sogenannter Kellerwirtschaften, in denen Männer und Frauen aus großen Gläsern Schnaps und anderen Fusel trinken. Ein paar Betrunkene kreuzen unseren Weg und beginnen uns zu beschimpfen. „Ein Wagen, eine Droschke, hier in unserer Gegend; was ist mit dir los, Bürger, willst du das Volk beleidigen?" schreit uns einer der Betrunkenen zu und droht uns mit den Fäusten. Am hellichten Tage hätte man uns sicher mit Steinwürfen verfolgt.

Als sich einst an einem Sonntag die Söhne des Kronprinzen in diese Gegend wagten, ohne erkannt zu werden, verdankten sie ihr Leben nur der Schnelligkeit ihrer Pferde. Die Frauen warfen ihnen aus den Fenstern zerbrochene Flaschen und Nachttöpfe nach.

Ein Schwall frischer Luft kühlt plötzlich unsere Stirnen; das Droschkenpferd verlangsamt seinen Schritt, und wir überqueren auf einer von Baufälligkeit schwankenden Holzbrücke die Spree.

(aus: Victor Tissot, Reportagen aus Bismarcks Reich. Berichte eines reisenden Franzosen. 1874–1876, erschienen bei Edition Erdmann in K. Thienemanns Verlag, Stuttgart – Wien 1989)

Sling
(1925)

Das liebe Leben, unerschöpflich im Hervorbringen neuer Varianten, gebar den Fall des Mannes, der anderthalb Minuten lang die Polizeiwache nicht verlassen wollte und so wegen Hausfriedensbruchs auf die Anklagebank gesetzt wurde.

Dieser Mann stand am höchsten jüdischen Feiertage während einer Pause des Gottesdienstes mit anderen Glaubensgenossen plaudernd vor dem Betsaal der Grenadierstraße, als plötzlich ein Schupomann erschien, um den Bürgersteig von herumstehenden Personen zu säubern. Hierbei soll der Beamte besonders barsch gegen zwei Frauen vorgegangen sein. Als ihn der Vorsänger der Gemeinde auf den Feiertag aufmerksam machte, sagte er (in der milderen Version): „Ich pfeife auf die jüdischen Feiertage" und führte den Vorsänger zur Wache. Über diese Festnahme geriet der jetzt angeklagte Repräsentant der Gemeinde in große Erregung, folgte dem Schutzmann und dessen Häftling zur Wache – wie er angibt, um sich über den Schupomann zu beschweren. Der dort anwesende Hauptwachtmeister behauptet, der Angeklagte habe sich nicht beschwert, sondern in aufgeregtem Ton und mit Fausthieben auf den Tisch die sofortige Entlassung des Vorsängers gefordert. Der Hauptwachtmeister will darauf den Angeklagten mehrfach zum Verlassen der Wache vergeblich aufgefordert haben, worauf er ihn durch zwei andere Beamte hinauswerfen ließ. Auf dem Hofe des Gebäudes soll dann der Angeklagte solchen Lärm geschlagen haben, daß man nun auch ihn festnahm. Nach der Bekundung eines Zeugen soll der Angeklagte den

Namen des Beamten gefordert haben, der ihn die Treppe hinunterstieß. Der Angeklagte selber behauptet, in der Wache überhaupt nicht zu Worte gekommen, sondern gleich hinausgeworfen worden zu sein. Der Hauptwachtmeister bemißt die Zeit, die der Angeklagte (*vor* seiner Inhaftierung) mit der Begehung des Hausfriedensbruchs zugebracht hat, auf fünf bis sechs Minuten, der sistierende Oberwachtmeister bemißt sie auf vier bis fünf, ein jüdischer Zeuge auf zwei bis drei Minuten.

Die strafrechtlichen Folgen der Angelegenheit waren bisher die: der Vorsänger erhielt ein Strafmandat wegen Beleidigung des Schupobeamten, das er bezahlt hat, der Angeklagte wurde in erster Instanz wegen Hausfriedensbruches zu hundert Mark Geldstrafe verurteilt.

Die gestrige Berufungsinstanz verlief außerordentlich temperamentvoll. Der Verteidiger legte Wert auf die Feststellung des Verlaufs der Straßenszene und der Gründe, die zur Festnahme des Vorsängers führten, was aber der Vorsitzende nicht zulassen wollte, weil ja nur der Hausfriedensbruch zur Verhandlung stände. Der Verteidiger hält aber die Feststellung für wesentlich, um den Grad der berechtigten Erregung des Angeklagten dem Gericht klarzumachen, und der Staatsanwalt stimmt dem Verteidiger zu. Der Vorsitzende wendet sich zu den beiden Schöffen: „Interessiert Sie das?“ Beide Herren schütteln verneinend den Kopf. Der Verteidiger verlangt Protokollierung seiner Frage und Gerichtsbeschluß. Die Frage wird protokolliert, aber das Gericht beschließt, die Frage nicht zuzulassen, unterstellt jedoch dabei die Schilderung der Straßenszene als wahr. (Offenbar ohne Rücksicht darauf, daß der Schupomann eben unter seinem Eide bestritten hatte, gesagt zu haben: „Ich pfeife…“) Derselbe Schupomann erklärt sein Verhalten auf der Straße damit, daß er damals – in der Inflation –, wo die Grenadierstraße mit handeltreibenden Personen immer erfüllt war, besonders streng zur Säuberung angehalten war. Die Frage des Verteidigers, ob er nicht an den geschlossenen Läden, an der feiertäglichen Kleidung der Menschen gemerkt hatte, daß an dem Tage etwas Besonderes los war und keinesfalls gehandelt wurde, verneint er. Auf eine Frage des Staatsanwalts bekundet er, dienstlich nicht auf den Feiertag hingewiesen worden zu sein, gibt aber zu, bei früheren Anlässen, wo man Demonstrationen fürchtete, zur Bewachung der Synagoge beordert gewesen zu sein. Er kannte also das Publikum und seine feiertäglichen Gepflogenheiten.

Die entscheidende Bekundung war die des Hauptwachtmeisters, der angab, von dem Augenblick der Aufforderung zum Verlassen bis zum Hinauswurf seien etwa *anderthalb Minuten* vergangen. Nach der Ansicht des Verteidigers genügt wohl eine solche Zeit, aber auch eine kürzere, um einen preußischen Unteroffizier Kehrtmarsch machen zu lassen – nicht aber einen Menschen zur Sinneswandlung zu veranlassen, der sich (begreiflich erregt) im Rechte glaubt, an einem geeigneten Orte eine Beschwerde einzulegen.

Das Gericht folgte diesen Ausführungen und sprach den Angeklagten frei.

Soweit mag der schriftliche Bericht ausreichen, um eine sachliche Wiedergabe des Prozeßverlaufes zu geben. Wie sich aber die Schupobeamten vor Gericht verhielten – um das zu schildern, wäre die Hilfeleistung eines Phonographen wünschenswert gewesen. Schon die Eidesleistung des Hauptwachtmeisters war eine stimmliche Leistung. Der Ton aber, in dem er sich selbst zum Ankläger aufschwang, wie er, die sanfte Prozeßleitung benutzend, Fragen stellte und sich zu Bemerkungen meldete – vor allem das Wort, mit dem er eine seiner Bekundungen einleitete: „Hier muß ich weiter ausschweifen...“, das war wert, phonographisch aufgenommen zu werden – während seine zitternde Erregung, die Leidenschaft mit Augenrollen, gesträubtem Schnurrbart und geblähtem Bauch dem Kinematographen ein würdiges Objekt gegeben hätten.

Zusammenfassend kann man sagen: Einem Beamten, der so vor Gericht auftritt, möchte man – Christ oder Jude, schuldig oder nicht – lieber nicht begegnen. Namentlich nicht im Traum.

(aus: Sling, Hausfriedensbruch auf der Polizeiwache, erschienen in :„Vossische Zeitung“ vom 18.09.1925)

Wera und Claus Küchenmeister

(1929)

Bello lungerte in der Markthalle am Alexanderplatz herum, da, wo der Großhandel seine Plätze hatte. Obst und Gemüse en gros. Und Fische. Fahrräder auch. Und lebende Hühner. Was gab es hier nicht en gros?

Es war später Nachmittag. Eine ruhige Zeit. Die Geschäfte waren lange getätigt, die neuen Bestellungen angemeldet, für morgen, in aller Frühe, wenn die ersten Gemüsefuhren aus der Umgebung von Berlin kamen. Also Ruhe hier in der Halle. Nur hin und wieder ein derbes Wort, das Geräusch einer fallenden Holzkiste, das Starten eines LKW. In den Kontoren wurde gerechnet.

Die kleine Kneipe, „Schmales Handtuch" genannt, weil sie sich tief, gleichsam wie ein Wurm in das Haus hineinbohrte, war voll besetzt. Noch schnell einen Schluck vor dem Nachhausegehen. Hier war die erste und die letzte Station der Lagerarbeiter und Packer, der Kutscher und Chauffeure. Frühmorgens eine heiße Knochenbrühe, die gab es immer. Und abends eine kühle Molle, vielleicht auch mit einem Korn. Abends hatte man Geld in der Tasche, denn die Grossisten zahlten ihre Helfer täglich aus, damit sie am anderen Morgen nach Bedarf und Belieben neue einstellen konnten, auf deren Willigkeit erpicht. Geklotzt wird und nicht gekleckert! So war das.

Bello allerdings kam keineswegs, um Arbeit zu suchen ins „Schmale Handtuch". Er hoffte einfach, jemanden zu treffen, mit dem man quatschen und ein Bier trinken konnte. Unverhofft kommt oft, auch wenn es nicht kommt, dachte er, als er sich wieder zur Kneipe herausdrückte, nachdem er vergeblich Ausschau gehalten. Nicht, daß ihn keiner kannte; im Gegenteil, viele nannten ihn bei seinem Spitznamen, Bello. Manches Wort flog ihm zu. Aber er konnte niemanden entdecken, mit dem er gerne den Rest des Tages verbracht hätte. Den Rest des Tages. Für Bello begann er erst.

Nun stand er unschlüssig vor der Tür. Oben, über der Halle, rumpelte eine Stadtbahn vorüber. Ein Pferd wieherte, und an einem Lastwagen mühte sich einer vergeblich, mit einer Kurbel den Motor anzuwerfen. Einige standen drum herum. Bello ging langsam an ihnen vorbei.

„Ede, wenn die Kurbel zurückschlägt, bricht sie dir glatt den Arm, wie 'n Streichbein", wurde gewarnt.

Die Antwort konnte er nicht mehr verstehen. Nur ein Lachen erreichte ihn noch.

Langsam schlenderte er zum Alex hinüber. Friedrich Wilhelm Knaupe, genannt Bello. Bello, der Schöne. Es war nicht mehr auszumachen, wer ihm diesen italienischen Beinamen gegeben hatte. Aber der Grund, warum man ihn so nannte, war deutlich zu erkennen: das schwarze, dichte Haar, seine dunklen Augen und seine immer korrekte Kleidung.

Bello hatte in der Tat Geschmack und war ein wenig eitel. Er wußte von seinen Qualitäten. Friedrich Wilhelm Knaupe, achtundzwanzig Jahre alt, also im guten Mannesalter, kräftig gebaut, auch ausreichend genährt, trotz seiner langen Arbeitslosigkeit, deretwegen er anfänglich mit dem Schicksal gehadert hatte. Anfänglich.

Schließlich hatte er sich damit abgefunden, keinen richtigen Beruf gelernt zu haben. Die Lehre als Flickschuster im Keller seines Vaters in der Linienstraße mußte er nämlich abbrechen, als im August 1914 Kaiser Wilhelm der Zweite beschloß, keine Parteien mehr zu kennen, sondern nur noch Deutsche. Das hatte zur Folge, Friedrich Knaupe, der Vater, mußte seinen Keller schließen, um für den Kaiser das deutsche Vaterland in Frankreich zu verteidigen. Er kehrte nicht mehr zurück. Der Schusterkeller blieb geschlossen und der Sohn Friedrich Wilhelm ohne Lehre.

Bello lernte Armut kennen. Er nahm Gelegenheitsarbeiten an. Mal als Bote hier, als Hausdiener dort, als Aushilfe in den Hallen am Alexanderplatz oder in der Ackerstraße.

Zu tun gab es allemal für einen kräftigen Jungen, der zupacken konnte und einen flinken Kopf hatte. Als einziger Sohn ernährte er seine Mutter mit, denn von der schmalen Kriegswitwenrente konnte sie nicht leben.

Ein kleiner Diebstahl brachte Bello eines Tages vor den Richter. Er hatte versucht, ein Fahrrad zu entwenden. Eine Anschaffung, die ihm nützlich gewesen wäre, denn sie hätte ihn mobiler gemacht bei der Suche nach Arbeit und Verdienst. Sechs Monate auf Bewährung, weil er noch jugendlich war, lautete das Urteil. Bewährung. Aber er galt nun als Vorbestrafter. Und wer läßt schon einen Botengang von einem solchen ausführen oder holt ihn sich gar als Diener ins Haus? Bello bekam es bitter zu spüren. Nur die dreckigsten Arbeiten und die schwersten blieben ihm. Der Verdienst wurde noch geringer.

Aber Bello war keiner, der sich unterkriegen ließ. So einer war er nicht. Bei den Bemühungen, sich und seine Mutter durchs Leben zu bringen, erfuhr er schnell: Wenn man eine Nase hat, die imstande ist, eine rechte Witterung auszumachen, kann man zu Geld kommen, ohne die Hände zu bemühen. Also schmulte er da, baldowerte dort, gab diesen und jenen Tip. So lebte er besser und vor allem bequemer. Als seine Mutter starb, wurde sein Dasein völlig ungezwungen. Nun schwamm er im Strom der Zeit, ohne naß zu werden. Er wurde einer von denen, die es mit ihrer Zeit, einer höchst unsicheren, mit Erfolg aufgenommen hatten.

Man schrieb das Jahr neunundzwanzig, und die Republik, nach der Stadt Weimar die „Weimarer" genannt, quälte sich nun schon zehn Jahre mit sich selbst herum. Aber das war Politik, und damit wollte Bello nichts zu schaffen haben. Denn Politik, so dachte er, verdürbe den Charakter. Ohne zu wissen, was das denn sei, ein Charakter, dachte er so, obwohl er die politischen Parteien keineswegs alle gleich beurteilte. Aus irgendeinem Grund waren ihm die Kommunisten sogar ein wenig sympathisch. Warum eigentlich? Bello gab sich darüber keine Rechenschaft. Warum auch? Die Welt, so schlecht sie gestellt war, stimmte am Ende für ihn. Jeder sollte sich den für ihn richtigen Weg aussuchen, meinte er. Er war davon überzeugt, den für ihn richtigen gewählt zu haben.

(aus: Wera & Claus Küchenmeister, Der Lude. Roman, erschienen im Militärverlag der DDR, Berlin 1987)

Egon Erwin Kisch

(1925)

In der Volksspeisehalle in der Schönhauser Allee trank ich eine Tasse Kaffee um zehn Pfennig und aß dazu einen Napfkuchen um den gleichen Preis. Drüben an der Wand, mit Kreide auf ein schwarzes Brett geschrieben, war die Speisekarte; aus ihr ersah ich, daß man für eine Tasse Milch, Kakao, Kaffee, Apfelwein oder Brühe, für eine Flasche Selterswasser, für zwei Zehntel Malz- oder Lagerbier, für eine mit Butter oder Schmalz gestrichene Stulle, für vier gewöhnliche Schrippen, für einen Blech- oder einen Napfkuchen nicht mehr und nicht weniger als zehn Pfennig zu zahlen hat. Noch reicher sehen die Genüsse aus, die sich einer vergönnen kann, der über zwei Groschen verfügt: eine Schale Weißbier, eine Pulle Brauselimonade, eine belegte Stulle, einen sauren Hering, einen marinierten Fisch, eine Portion Kartoffelsalat, ein Paar Würstchen oder ein Stück Wurst.

Um zu erfahren, ob man auch andere als alimentäre Werte um zehn Pfennig erwerben könne, rief ich eines der spielenden Gören zu mir, gab ihm einen Groschen und wollte... der Kleine war schon mit der Schnelligkeit eines Rodelschlittens davongerast, bevor ich ihn etwas fragen konnte. Ich sprach einen anderen Jungen an und stellte ihm, das Geldstück in der Hand behaltend, die Gewissensfrage: „Was tust du mit diesen zehn Pfennig, wenn ich sie dir gebe?" – Der Knirps machte eine abwehrende Geste. „Nee, so doof bin ick nich – dann jehm Se mir den Jroschen doch nich!" – Ich gab mein Ehrenwort. – „Ick jehe in Kintopp." – Auf meinen Wunsch zeigte er mir sogleich das

Kino, wo der Eintritt zehn Pfennig kostet, der teuerste Platz fünfzig Pfennig. Mein kleiner Führer verschwand mit dem Groschen in der Eingangstüre, auf der eine große Tafel besagte: Jugendlichen unter sechzehn Jahren ist der Eintritt verboten!

Ein kleines Mädchen, das ich fragte, machte mir die Mitteilung, daß sie für meinen Groschen – auch ins Kino gehen wolle. Da mir die statistische Feststellung, wieviel Kinder Berlins eine Münze zum Besuch des Films anlegen würden, doch etwas zu kostspielig schien, stellte ich den Versuch ein, mir auf dem Wege einer Umfrage das Material zur Verwendungsmöglichkeit von zehn Pfennig zu verschaffen.

Ich war in einer Gegend, in der der Geschäftsbetrieb viel mehr von den Finanzverhältnissen des Käufers abhängig ist als von dessen Bedarf. Diesem Umstande ist durch die Preisangabe in den mit tausenderlei Dingen vollgepfropften Schaufenstern Rechnung getragen. In den Papierwarenhandlungen sind keine Schreibhefte, Stahlfedern, Bleistifte oder dergleichen ausgestellt. Luxusdinge des täglichen Gebrauchs werden angepriesen: die entzückenden Künstlerkarten, welche keifende Schwiegermütter, wimmernde Pantoffelhelden und zahnlose alte Jungfern zeigen, kosten nur zehn Pfennig; der anonyme Absender braucht nur – mit verstellter Handschrift – die Adresse daraufzuschreiben... Um den gleichen Preis ist auch die hundertsechzehnte Lieferung des für unsere Jugend bestimmten Werkes „Huronen und Delawaren oder Das Zweite Gesicht oder Die Verfolgung rund um die Erde“ zu haben, unter dessen vierfarbigem Titelbild die edlen Worte stehen: „Als Wilhelm Mut aus dem Blockhause heraustrat, sah er zehn Indianer in feindseliger Haltung vor sich stehen.“ Für zehn Pfennig habe ich das Heft einer Pfadfinder-Bücherei erstanden, verlockt durch die bunte Umschlagzeichnung, deren Text lautete: „Durch das Krachen des Donners, das Brüllen der Wogen, das Heulen des Sturmes tönte Horst Krafts gellender Ruf: Pfadfinder, zu mir! Wir werden zusammen sterben, wenn wir sterben müssen!" Dieses Büchlein habe ich gelesen und kann sagen: Wenn Büchern wirklich ein erzieherischer Wert zukommt, dann ist dieses Werk vortrefflich geeignet, Knaben zu Idioten zu erziehen.

Auf billige Art können sich Mädchen der Peripherie mit aller raffinierten Eleganz umgeben: eine Madeira-Hemdpasse, eine Büchse mit wohlriechenden Cachous, eine Phiole!!! Allerfeinstes Pariser Ideal-Parfum!!! (die sechs Ausrufungszeichen sind Original) und ein Gummiabsatz kosten je einen Groschen. Schwerer ist es, ein Gentleman zu sein. Zwar kosten ein Stehkragen, drei Hemdknöpfe oder einmal Schnurrbartstutzen denselben Betrag, aber schon für ein Paar Manschetten, ein Stück Prima Mandelseife mit zwei Ausrufungszeichen, eine Nagelfeile, eine Pomadenstange oder einmal Rasieren muß man die doppelte Taxe entrichten, für Haarschneiden und Bartausziehen sogar fünfundzwanzig, Kräuseln der Haare dreißig Pfennig.

Die Lust zum Heiraten wird gewiß dadurch wachgerufen oder wenigstens verstärkt werden, daß man um zehn Pfennig einen vergoldeten Ehering beziehen kann; eine Säuglingsklapper von der gleichen Wohlfeilheit, zwei Zinnsoldaten oder ein Schilderhäuschen. Mit einer Autohupe für Kinder oder fünf Knallerbsen kann man Krach machen, der mit einem Groschen gewiß nicht überbezahlt ist. Weiter: ein (etwas verbogener) Alpakalöffel, der Band einer verschrotteten Leihbibliothek „nach Eugen Sue bearbeitet von Wilhelm Eichelkogel", eine garantiert echte Haarlemer Hyazinthenzwiebel, ein achtel Pfund Kieler Sprotten, ein Stück Bruchschokolade, ein Umschlag mit Puderpapier, zwei Harzer Käse, Vanilleplätzchen und ein Kartoffelpuffer, alles bloß für zehn Pfennig.

Im Bagno-Museum auf dem Rummelplatz Ecke Lietzmannstraße – Neue Königstraße ist sogar ein Lustmord für einen Groschen zu sehen. In die Geldstücköffnung des Automaten wirft man zwei Sechser ein und dreht die Kurbel. Erstes Bild: Eine schlafende Dame. – Zweites Bild: Ein Mörder nähert sich mit gezücktem Messer. (Mörder nähern sich nämlich immer mit gezücktem Messer.) – Drittes Bild: Der Mörder nähert sich noch näher mit noch gezückterem Messer. – Viertes Bild: Der Mörder sticht der entsetzt erwachenden Dame das gezückte Messer in das Herz. – Fünftes Bild: Die Dame liegt tot neben zwei roten Tintenklecksen auf dem Boden, und der Mörder entfernt sich mit gezücktem, blutigrotem Messer. (Mörder entfernen sich nämlich immer mit gezücktem, blutigrotem Messer.)

Das alles koofe ick mir for een Groschen.

(aus: Egon Erwin Kisch, Wat koofe ick mir for een Groschen; in: Der rasende Reporter, erschienen im Verlag Erich Reiß, Berlin, 1925)

Georg Hermann

(1839)

Es kann sich wohl kaum noch einer erinnern, wie damals Jettchen Gebert die Königstraße entlangging. Staubwolken blies der Wind vom Alexanderplatz in die Königstraße hinein; denn es war so der erste wirklich schöne blaue Frühlingstag im Jahre. Gerade zwischen den Puppen der Königskolonnaden oben auf dem Dach, zwischen den hastig bewegten Steinfiguren zogen am Himmel weiße Wölkchen hin. In der Neuen Friedrichstraße, in den Gärten hinter der Mauer, wurden eben die Bäume rot und braun; Kätzchen pendelten an den Pappeln, und Blütentupfen überzogen selbst die feinsten Ästchen der Ulmen. Die Fliederbüsche, die sich über den Zaun bogen, hatten sogar dicke grüne Knospen mit zackigen Spitzen, die morgen schon aufbrechen wollten. Um den Turm der Parochialkirche aber flogen, sich jagend und taumelnd wie schwarze verliebte Schmetterlinge, die Dohlen; und die ganze Klosterstraße herunter standen die Planwagen vom Gänsemarkt – große braune Pilze unter der weißen Sonne.

Die schmalen Häuser jedoch, die unter den rotbraunen Kappen der Dächer, rosig und hell angestrichen, mit ihren schlichten Püppchen von Stuck in der Sonne lagen, mit den Kellerhälsen und den Steinbänken daneben, mit den vielen kleinen blanken Scheiben im weißen Rahmen, mit den Spionen an den Fenstern jedes Stockwerks – sie standen da wie zwei Reihen Grenadiere, die Spalier bildeten und präsentieren, weil die Schönheit kommt.

Und in der Mitte auf dem Fahrdamm, auf dem holprigen Pflaster mit den Steinen, wie Kinderköpfe, zwischen den tiefen überbrückten Rinnen, die den Damm vom Bürgersteig trennten, da zogen mit Halli die Postwagen – manche alt und verstaubt, manche blank und sauber – hochbepackt in die Welt. Und schwere Lastfuhren, gezogen von schweren Pferden mit klingenden Gehängen, die in die Zöpfchen der Mähne eingeflochten waren, sie rollten zur Stadt hinaus.

An der Neuen Friedrichstraße aber stand, mit einer Hornbrille auf der Nase, vor seinem Karren ein alter Lumpenmatz und prüfte seine Leinenrestchen, die ihm die Kinder brachten, wichtig und würdevoll, umzwitschert und umschrien von hellen fordernden Stimmchen. Ja, die Passanten mußten sogar hier und da ganz nahe am Rinnstein entlang balancieren, so weit auf den Bürgersteig hinaus standen die Felder blauer und roter Hyazinthen in weißen Tontöpfen, wie die Blumenhändler sie verkaufen.

Es kann sich wohl keiner mehr erinnern, wie an diesem Apriltag 1839 Jettchen Gebert die Königstraße entlangging. Aber die Leute blieben stehen… damals, und ein Auskultator, der vom Stadtgericht kam, sah ihr lange nach und schrieb dann unter dem Pseudonym „Eginhard“ ein Sonett „an die Holde, die vorüberschwebte“, das in der nächsten „Eleganten Welt“ abgedruckt wurde und zu den seltsamsten Vermutungen Anlaß gab. Ein Weißwarenhändler aus der Fischerstraße antwortete ihm darauf gleichfalls in Sonettform und beklagte – wohl zu Unrecht – die schöne Seele des Jünglings, umnachtet vom Wahnsinn einer sträflichen Leidenschaft.

War das ein hübsches Mädchen! Wie sie trendelte und ging auf ihren kleinen Schuhen mit den breiten Schnallen, ganz in Silbergrau, wie ein Frühlingsabend. Die drei Reihen von Volants am weiten Rock glitten, rauschten und zitterten. Die breiten Bindebänder der Schute flatterten ordentlich, breite silbergraue Seidenbänder mit Rosenknospen drauf; und die langen Fransen des indischen Schals, den sie um die vollen Schultern trug – zwischen den breiten Gigotärmeln durchgezogen –, tänzelten bei jedem Schritt. Sie trug mattblaue Handschuhe, hatte ein Fischnetz in der Hand, einen Sonnenknicker und ein Täschchen, das eine schwarze Lyra in schwarzen Perlen gestickt zeigte – eine Art von Pompadour.

Sie ging ganz steif und gerade, ohne nach rechts und links zu sehen, wie alle Geberts. Sie hatte etwas wundervoll Stolzes in Gang und in Bewegung. Sie rauschte daher in ihrem silbergrauen Taftkleid, wie ein Fünfmaster mit vollen Segeln. Sie wußte, daß die Leute stehenblieben und ihr nachsahen, aber es gehörte zu ihr. An ihr war alles von einer stolzen Schönheit: die große Figur, dieses lange und doch volle Antlitz mit der hohen und weißen Stirn und den schweren Lidern und der feste, geschlossene Mund, mit jenem leichten Anflug von Flaum darüber wie ein Schatten. In je drei Puffen, sorgsam gedreht, blank und schwarz, legte sich das Haar in der großen Schute rechts und links an Schläfen und Wangen – wie ein Palisanderrahmen um einen englischen Farbenstich sich schließt. Kraft, Lebensstärke und ein Hauch von Schwermut teilten sich in das brünette Gesicht.

Das waren wieder die dunklen Gebertschen Augen, mandelförmig vom bläulichen Weiß, die vom Großvater an alle Männer zu Schwerenötern und Mädchenjägern gemacht hatten. Sie verrieten Eigenschaften, diese dunklen Augen, über die wir grübeln wie über Rätsel und die wir nie ergründen, weil sich die Schönheit, der sie dienen, ihrer selbst nicht bewußt ist, ja, sie vielleicht nicht einmal besitzt. Diese Erscheinung und dieses Gesicht hatten eine gewisse Tragik in sich. Sie machten neugierig auf den Menschen und mußten dann Enttäuschung bringen, weil ein solcher Scharm, eine solche Anmut und Gesundheit, eine solche Pfirsichweiche der Seele nur denen zu eigen ist, die wir nachts in unseren Träumen küssen.

Sie war nicht mehr jung, sah älter, voller, reifer aus, als sie war. Doch sie war schön. – Oh, was war sie schön, Jettchen Gebert!

Aber nicht allein nach ihr drehten sich die Leute um; auch nach einem alten, uralten Herrn – bartlos, verschrumpft das Gesicht –, der, wie ein Überbleibsel von ehemals, an der Ecke des Hohensteinwegs stand. An ihm ging ebenso niemand vorüber, ohne ihn genauer zu betrachten und sich noch mal nach ihm umzuschauen, ob er nicht vielleicht doch heimlich unter dem Rockkragen einen Zopf trüge. Ein paar kleine Mädchen mit schottischen Röckchen, mit langen weißen gestärkten Spitzchen an den Hosenbeinen, starrten ihn sogar unverhohlen eine Weile an, wie ein veritables Meerwunder. Nein, einen Zopf, den trug er nicht mehr. Aber, er hatte einen Zylinder auf seiner weiß gepuderten, starren, kurzgeschorenen Perücke, der oben bald doppelt so breit war wie unten, einen braunen, rauhen Filz, mit geschweifter Krempe, wie man sie Anno dazumal hatte, als der Franzose im Land war. Auch trug er noch hohe gelbe Stulpenstiefel und einen langen, ganz langen braunen Frack mit goldenen Knöpfen. An der zweireihigen Weste baumelten dicke Berlocken, Siegelringe, silberne Pferdchen und Wägelchen; und im gefältelten Brusttuch sonnte als Busennadel sich ein großer gesprenkelter Karniol.

Er stand breitbeinig da, der alte Herr, und stützte sich mit beiden Händen auf sein Palmenrohr mit dem Goldknopf. Aufmerksam und unbewegt sah er auf ein paar Postpferde, die vorübertrabten, sah nach ihnen mit einem Gesicht wie ein Nußknacker, den Mund weit offen und die Augen weit vor. Jettchen erblickte ihn schon von weitem, lachte und winkte ihm mit dem Fischnetz. Aber er sah nur nach den Pferden, ernst, mit der Miene des Kenners.

„Tag, Onkel Eli!"

„Na, Jettchen, soso, wo gehste hin, mein Kind?"

„Auf'n Markt, Onkel, ich will'n Fisch kaufen!"

„E Hecht?"

„Ja, Onkel!"

„Zu heut abend?"

„Ja, Onkel!"

„Nu, was preisen denn jetzt die Hechte?"

„Fünfzehn gute Groschen."

„Fünfzehn gute Groschen! Zu meine Zeit, Jettchen", er sprach sehr langsam und umständlich, er mimmelte, er kaute gleichsam die Worte durch, „zu meine Zeit hat man nicht fünf Groschen gezahlt – für so e Fisch; weißte, hier am Schwibbogen, wo an das Haus steht: ‚Petrus kehrte einst bei einem Fischer ein, drum soll dies Haus gesegnet sein'."

„Sag mal, was macht denn Tante Mine, Onkel Eli?"

Onkel Eli hob bedächtig eine Hand vom Stockgriff, legte sie Jettchen auf den Rücken und sah sie ernst an.

„Ich sag' der, meine Tochter, was ist das menschliche Leben? Nu, was is es? Meine einzige. Goldmine da oben." Onkel zeigte mit dem Stock nach dem Hohensteinweg hinunter, hinten nach dem Turm der Marienkirche. „Meine Goldmine, da oben liegt se."

„Um Himmels willen, aber was ist denn mit ihr, Onkel?"

„Se weiß sogar gar nicht, ob sie heute abend zu Salomon kommen kann."

„Aber was fehlt ihr denn", fragte Jettchen erleichtert, denn sie hatte schon gemeint, man müsse den Leichenbitter holen.

„Denke dir, denke dir, Baumbach hat doch gestern dreimal kommen müssen, sie schröpfen, solch einen Zustand hat sie gehabt. Am Donnerstag hat se ein Huhn vom Gendarmemarkt mitgebracht. Vier Stunden hat's gekocht. Nicht kaputtschlagen hat man's können. Ich habe gesagt: ‚Minchen, eß nich!' Deine Tante, se hat doch gegessen."

„Meinst du, Onkel Eli, ob sie heute abend wieder…"

„Meine Mine, so is se. Se trinkt dabei 'ne Tasse Schokolade… Weißt de, aus ihre feine Täßchen… wenn Baumbach sie schröpft, als ob's gar nichts wär'."

„Geht's denn Tante schon besser?"

„Ich weiß doch nicht, aber ich denk' schon. Se hat nämlich de Minna heute rauswerfen wollen."

„Na, dann ist sie ja wieder auf 'm Posten!"

„Kommste hier mal 'n bißchen mit, mein Kind, ich will mal auf die Post runtergehn. Vor dem Prenzlauer Wagen kommen heute zwei neue ostpreußische Wallache. Nagler kennt mich doch schon. Er hat sich – wie ich höre – erkundigen lassen, wer ich bin, weil ich mir immer seine Gäule ansehe. Er hat gewiß gemeint, ich bin ä Demagoge, Jettchen", er blieb stehen, „siehste, von de Menschen versteh' ich heutzutage nichts mehr. Se sind mir alle zu schief. Aber mit de Pferde, da kenn' ich mich noch aus. Ebenso wie der Herr Postmeister von Nagler. Das kannst de deinem alten Onkel glauben. Hörst de de Singuhr von de Parochialkirche? Üb immer Treu ..." Plötzlich stockte Onkel Eli und zog hastig seinen braunen Zylinder, daß aus der kurzen Perücke eine Puderwolke stäubte.

„Bon jour, Herr Viertelkommissarius, bon jour untertänigst!" Der Konstabler nickte und ging gelassen vorüber.

„Er kennt mich", sagte Onkel Eli stolz. „Was lachste? Wenn de klug wärst, Jettchen, würdst de nicht über deinen alten Onkel lachen! Heut zutage, sage ich dir, heute zutage muß man mit 'm Spitz vom Nachtwächter gut Freund sein, denn man kann gar nicht wissen, wie er mit 'm Oberpräsidenten in Verbindung steht."

Eli blieb wieder stehen.

„Siehste, Jettchen, kommt er nicht daher wie 'ne lahme Sandkrake, dein Onkel Jason? Und was hat er da schon wieder vor'n lateinischen Schnorrer aufgegabelt? Wo er se nur immer herkriegt?"

Richtig, Onkel Jason! Er war der einzige, den Jettchen wirklich liebte, der jüngste, ein Hagestolz, ein bißchen Enfant terrible der Familie, derb, Durchgänger, aber von Takt und Bildung. Er hinkte ein wenig, seitdem man ihm bei Großbeeren eins aufgebrannt hatte, grad in die linke Hüfte hinein – als er Estafette ritt für Bülow, dessen Sekretär er als Freiwilliger war, ehedem in seiner Jugend, da er noch Arndts und Körners Lieder sang. Heute sang er die von Béranger. Er hinkte ein wenig, aber sonst sah er gewiß nicht einer lahmen Sandkrake gleich. Groß, schlank, hager, ein guter Achtundvierziger, ein wenig angegraut, die Züge mit dem Grabstichel gezogen, scharf in das bartlose Gesicht hinein. Nur von den Ohren ging ein schmaler Streifen Bart zum Kinn hinunter. Er trug einen geradkrempigen Zylinder, einen flaschengrünen Rock mit enger Taille und breiten Schößen, lang, mit zwei Reihen von Knöpfen; und der Rockkragen war so breit und hoch, daß er die Hälfte vom Hinterkopf bedeckte. Und dazu nach der neuesten Mode ganz helle enge Beinkleider mit Sprungriemen. Aus dem Ausschnitt der rotseidenen Weste quoll ein schwarzer Schal hervor, breit und bauschig, zusammengehalten von einer Agraffe, einer goldenen Lyra mit silbernen Saiten. Und in den scharf gestärkten hohen Vatermörder hatte Jason fest und soldatisch das Kinn gezogen.

Er kam quer über den Damm, ein wenig gespreizt, vorsichtig den Pfützen ausweichend, und winkte einem Herrn, ihm zu folgen. Der zog zag, schüchtern, linkisch, hoch und blond hinter ihm her. Er war keineswegs Stutzer wie Jason, eher ein wenig nachlässig, trug einen weichen Schlapphut, eine gelbe Weste zu einem blauen Rock.

Jason blieb vor den beiden stehen, stocksteif, und zwinkerte lustig mit den Augen. Man merkte, der Schalk saß ihm im Nacken. „Bon jour, ma chère amie, bon jour, ma bien aimée“, sagte er und verbeugte sich vor Jettchen. Dann wandte er sich zu Onkel Eli.

„Na, du alter Nußknacker? Das gefällt dir wohl? Nicht? Das ist was anderes als deine Zossen, mit so 'nem hübschen Mädchen spazierengehen? Aber ich sage es doch Tante Mine! Heute abend sage ich es Tante Mine!“

„Jason, ich bitte dich“, Onkel Eli schüttelte bedenklich den Kopf, „wozu? Du weißt doch, se is sowieso neuerdings so komisch. Se red't sich doch schon immer allerhand über mich ein, und ich bin trotzdem bei Gott wirklich ä solider Mann!“

„Das sagt er jetzt.“ Jason blinzelte zu Jettchen hinüber.

„Ich hab' ihn aber *früher* gekannt!" Der Herr stand immer noch einige Schritte davon, zögernd, ob er warten oder weitergehen sollte.

„Na, Kößling, kommen Sie heran. Sans gêne et sans souci! Doktor Friedrich Kößling – Herr Elias Gebert, der jeweilige Senior der Geberts, der Bruder meines Vaters; er hat noch jeden Mittwoch nachmittag mit dem Alten Fritzen Franzefuß gespielt."

Onkel Eli hob seinen braunen Zylinder, daß der Puder stäubte, zog dann eine schmale emaillierte Taschenuhr – ganz schmal, mit silbernem graviertem Zifferblatt – und hielt sie sich dicht vor die Augen.

„Se fahren mer sonst fort", sagte er und ging ohne Abschied.

„Adieu, Onkel, also heute abend!" rief Jettchen ihm nach. Aber *der* drehte sich nicht um. Jason blickte vor sich hin.

„Wir sind mit neunundsiebzig nicht mehr so! Wissen Sie, da werfen sie mit meinen Gebeinen schon die Äpfel von den Bäumen, daß's man so hagelt."

„Neunundsiebzig Jahr! Der könnte erzählen, nicht wahr, Demoiselle?"

„Ach nein, Kößling, der hat nichts erlebt. Er ist 'n alter Pferdeknecht. Die Quadrupeden haben ihm immer mehr gesagt als die Bipeden. Den Geschmack kann ich übrigens begreifen. Der Mensch ist zwar nach Hegel ein mit Vernunft begabtes Wesen, aber die Pferde sind mir auch lieber. Aber, Kößling, kennen Sie denn schon meine Nichte, Jettchen Gebert? Sehen Sie, da haben Sie ja gleich die drei Generationen von uns beieinander gehabt. Den alten Nußknacker, mich und sie… Doktor Friedrich Kößling. Ich gab dir neulich die Erzählung von ihm im ‚Gesellschafter'."

Jettchen knickste. „Gewiß, ich kenne Sie schon! Schreiben Sie nicht auch für die ‚Elegante Welt'?"

„Ab und zu, Demoiselle!"

„Aber wir wollen doch hier nicht Wurzeln schlagen! – Jettchen, wo gehst du noch hin?"

„Ich will noch einiges für heute abend kaufen."

„Wir werden mitkommen."

„Das wird aber vielleicht Demoiselle nicht recht sein."

„Warum nicht – ich geh' auf den Markt!"

„Darf ich das Netz tragen, Demoiselle?"

Jettchen sah ihn an und lächelte. Der lange, blonde Mensch wurde rot wie ein Schulknabe.

„Das heißt, wenn's sich ziemt. Was lachen Sie über mich, Demoiselle?"

„Über Sie gar nicht. Aber die Weste da ist von uns, H. M. B. 17."

„Bei Ihrem Vater werden diese Westen gefertigt?"

Jettchen wurde ernst, kniff die Lippen ein und schwieg.

Kößling, der bemerkte, daß er hier eine wunde Stelle berührt hatte, zupfte verlegen an seinem Schaltuch.

„Ach nee, Kößling", sprang Jason ein, der nebenherhinkte. Und seine Stimme verlor ihren spöttischen Klang, wurde ruhig und freundlich. „Das ist mein Bruder Salomon, der die Westen macht. Jettchens Vater hat längst das bessere Teil erwählt. Schade, ich hätt' es gern für ihn getan, denn ich hatte nichts zu verlieren, aber er ist damals gleich draußen geblieben, und ich bin wieder nach Hause gekommen. Er war der Beste von uns vieren. Das sehen Sie ja auch an dem Mädchen. Aber, Kößling, nun frage ich Sie: ist es nicht immer so? Der Schund bleibt übrig. Börne stirbt, aber die Pückler und Menzel leben, wachsen und gedeihen." Er hatte sich in Wut geredet. „Wir haben leichtsinnig unser Leben eingesetzt. Und wir hatten's dabei gar nicht nötig. Meinem armen Bruder ist ja die Angelegenheit schlecht genug bekommen. Und die hier", er nahm Jettchens Hand, „und eine Silhouette, das ist alles, was ich von ihm noch habe. Aber die hier ist ähnlicher."

Sie gingen eine Weile nebeneinanderher, so in den hellen Tag hinein, jeder mit seinen eigenen Gedanken.

„Wissen Sie, Kößling, zwei große Dummheiten habe ich in meinem Leben begangen. Ersten 1813 und dann 1825 –

da habe ich mir eingeredet, ich habe nicht genug zum Leben. Na, die Sache hat nicht lange gedauert. Das Tuchgeschäft aufmachen und liquidieren war eins. Und seitdem langt es wirklich nicht mehr hin und her. Sehen Sie, mein ältester Bruder, Salomon – das ist der einzige Mensch, den ich beneide. Der ißt, trinkt, schläft, spielt Whist und L'hombre, legt mit seiner Frau Patience, fabriziert Westen H. M. B. 17, Schalkragen, exportiert Umschlagetücher, führt italienisch, spanisch, neugriechisch doppelt und dreifach seine Bücher, und das einzige, was ihn aus seiner Ruhe bringen kann, ist, wenn eine Rimesse aus Sommerfeld kommt oder die Wechsel auf England lang statt kurz sind."

„Sie wohnen bei Ihrem Onkel, Demoiselle Jettchen?"

„Ja, solange ich denken kann; ich bin dort aufgewachsen."

„Sie sind also so gut wie Eltern für Sie?"

Jason nahm ihr die Antwort ab.

„Ach nein, Kößling, das kann man nun gerade nicht behaupten. Meine Schwägerin hat nur einen Menschen auf der Welt lieb, und das ist sie selbst, in höchsteigener Person. Und mein Bruder, der ist eben mit den Jahren doppelte und dreifache Buchführung geworden."

„Aber Onkel Jason, das ist doch nicht wahr!"

„Also comme vous voudrez, ma belle Henriette. Wissen Sie, Kößling, Sie kennen ja das. Man kommt in einen großen Kreis von Leuten hinein, in einen Tee, in eine Gesellschaft, in eine Familie, und man riecht da einen Verwandten heraus, den Bruder, die Schwester, unter Larven die fühlende Brust. So ist das mit uns beiden gegangen, aber Eltern hat meine Nichte deswegen doch nicht."

„Wir wollen hier die Spandauer Straße hinuntergehen, am Molkenmarkt sitzt eine Frau, die mit ihrer Ware sehr billig ist", sagte Jettchen.

„Na, Doktor, Sie meinen wohl, Sie kommen nicht früh genug zum Drucker?"

Der fuhr auf. Denn er hatte eben Jettchen Gebert ganz

versunken und verloren angestarrt, ungefähr so, wie man ein schönes Bild betrachtet und sich ganz darin vergißt. Er hatte das Haar gestreichelt mit den Blicken, die weiche Haut an den Schläfen berührt mit den Blicken, ganz leise, er hatte das wie eine physische Berührung empfunden, wie einen Nervenreiz, den man in den Fingerspitzen fühlt. Er war fast über sich selbst erschrocken.

„Wollen wir denn noch zu Drucker? Ich möchte lieber bei Stehely ein paar Blätter lesen. Man erfährt ja gar nichts mehr."

„Man kann ja das eine tun und braucht das andere deswegen nicht zu lassen. Aber erst wird der Fisch gekauft. Sie sollen mal sehen, Doktor, wie ich mit Hexen umzugehen weiß."

Ein kleines zerlumptes Kind drängte sich an Kößling heran, ein Mädchen, barbeinig, zwölfjährig, blaß.

„Ach, Herr Jraf, koofen Se ma doch en Veilchensträußchen ab für Ihr Fräulein Braut. Mir hungert so, ick habe heute noch keen Handjeld verdient."

Jettchen lachte. Kößling war rot geworden und legte dem kleinen, blassen, schmutzigen Ding die Hand auf den Kopf.

„Na, mein Kind, was kostet's denn?"

„Man eenen Sechser des Sträußchen."

„Woran siehst du denn, daß die Dame die Braut vom Herrn Jrafen ist?" fragte Jason belustigt.

Die Kleine, die erkannte, daß hier aus dem Sechser vielleicht ein guter Groschen werden könnte, besann sich nicht lange.

„Na, das merkt man doch gleich. So'n schönes Fräulein. Und er hat ihr doch immer so von der Seite anjekiekt, der Herr Jraf."

Jason schüttelte sich vor Lachen. Jettchen knabberte etwas unwillig an den mattblauen Handschuhfingern, und Kößling war rot wie ein Krebs. Er steckte dem Kind den Groschen zu und reichte das duftende violette Sträußchen Jettchen, sich tief vor ihr verneigend. Auch Jason nahm zwei Sträußchen, eines gab er Jettchen und küßte ihr die Hand.

„Sehen Sie, Kößling, ich als Onkel darf mir so etwas erlauben."

Das andere Sträußchen drehte Jason zwischen seinen Fingern, und er trällerte im Weitergehen:

„Von blauen Veilchen war der Kranz,
Der Hannchens Locken schmückte,
Als ich zum erstenmal beim Tanz
Sie schüchtern an mich drückte."

Er wußte schon, wem er's geben wollte. Er wußte das immer, wenn es auch nicht immer das gleiche Hannchen war.

„Haben Sie, Demoiselle Jettchen, schon die Hyazinthenfelder in der Fruchtstraße gesehen? Oh, wenn sie jetzt mehr in Blüte sind! So in acht bis vierzehn Tagen – da müssen Sie hinfahren. Es ist da eine hohe Tribüne, und von dort schaut man über ein Meer von Farbe fort. Über eine große duftende Palette. Wir haben ja viel Grün hier und viel Blumen in Berlin, in den Kellern und auf den Märkten, aber das ist doch holländisch, das ist tropisch."

„Wir wollten schon jedes Jahr jetzt hingehen, aber Tante hat immer nicht Zeit gefunden, und dann fährt sie ungern Droschke, sie fürchtet immer, sie könnte damit umfallen."

„Ich möchte es an *Ihrer* Stelle auch nicht wagen, Demoiselle, denken Sie nur, wenn man Ihnen, wie jetzt in Wien der Taglioni, einmal die Pferde ausspannt." Es war ihm so entfahren, er war selbst erschrocken über seine Kühnheit.

„Doktor, Doktor", drohte Jason, „machen Sie mir die Kleine hier nicht noch eingebildeter. Geht sie nicht schon wie ein dreijähriger Traber vor der Landaulette?"

„Ach nein, die Pferde werden sie mir schon nicht ausspannen, das brauche ich nicht zu befürchten."

„Vielleicht kommen Sie dieses Jahr zu den Hyazinthen,

Herr Gebert, Sie müßten das einmal Ihrer Nichte zeigen."

„Doktor, Doktor", sagte Jason, nahm sein Knipsglas zwinkernd an die Augen und betrachtete den großen, blonden, linkischen Menschen.

„Ach ja, Onkel, du nimmst mich mit", bat Jettchen.

„So als Schatzwächter nebenherhumpeln. Weißt du, Jettchen, ich werde heute ernsthafte Worte an deine Tante zu richten haben."

„Nun, wenn du meinst, es ziemt sich nicht..."

„Gewiß, Jettchen", sagte darauf der Onkel, „ich nehme dich mal mit, sogar mit 'ner Henochschen Droschke mit 'nem Vorreiter." Und dann auf etwas anderes übergehend: „Doktor, Sie sprachen da eben von der Taglioni. Haben Sie in Berlin die Sonntag gehört, diesen kleinen Goldvogel? Was sind die Hopsereien der Taglioni dagegen? Was die Fanny Elßler? Wissen Sie, daß ich mich mit meinen armen hinkenden Beinen selbst vor ihren Wagen gespannt habe, hier, auf dem Alexanderplatz? Das sind vergangene Zeiten, Doktor – da hatte Berlin auch noch ein Theater."

Sie standen auf dem Molkenmarkt. Jason zeigte nach der Hausvogtei und klopfte Kößling auf die Schulter.

„Da drüben zu Onkel Dambach werden wir auch noch hinkommen."

„Das ist meine Freundin!" rief Jettchen und ging auf einen Koloß von einem Hökerweib zu, die in einem Mittelding zwischen einer Bude und einem Verschlag saß, den sie ganz ausfüllte. Sie saß neben einer Fischtiene. In der schlug es, plätscherte und platschte es von kleinen Rotflossen, breitschuppigen, schleimigen Karpfen, Schleien und Barsen, und reglos standen lange, schmale, grüne Hechte dazwischen. ein wahrer Koloß war diese Frau. Mit bloßen Armen wie ein Schlächtergeselle, mit einem gelben geblümten Kattunkleid, einer Strohschute und einem Gesicht darunter, breit wie ein Eierkuchen und pockennarbig, als ob es unter ein Waffeleisen gekommen wäre.

„Na, wat wünschen Se denn, Fräuleinchen, schöne Hechte, fünfzehn Jroschen heute de jroßen“, sang sie schrill und gleichtönig.

Jason hatte schnell in die Fischtiene gegriffen, einen Hecht am Schwanze gepackt und schwenkte das glänzende Tier hin und her, daß es nur so spritzte.

„Na, Frauchen, was kost' denn der Iklei?“ fragte er mit Unschuldsmiene.

Aber da lief er schön an; denn die Hökerin, nachdem sie sich von ihrem ersten Staunen erholt hatte, stemmte die Hände in die Seiten, drückte die Ellenbogen nach außen und begann zu keifen.

„Wat, Er will mir hier wohl aufzwicken? Er hinkebeiniger Lulatsch mit seinen steifen Jaromire an seine uffgeblasenen Kalbsbacken. Komm Er mir nich zwischen de Finger!“

„Aber Frauchen, wir woll'n ja den Hecht kaufen!“

„Schön, denn koofen S'n, aber meine Hechte werden nich an'n Schwanz jekriegt. Wie möchte Ihnen denn det gefallen?“

Jason lenkte ein, denn er sah wohl, daß sonst hier noch Worte fallen könnten, die für keusche Ohren gerade kein Labsal sind. Jettchen feilschte indessen um einen Riesenkerl mit einem spitzen Kopf, geradezu um einen Briganten von einem Hecht, für den sie zwölfeinhalb geben wollte statt fünfzehn Groschen. sie einigten sich auf dreizehneinhalb, nachdem ihr noch die Frau versichert hatte, daß sie ihn solcher Kundschaft für zwölfeinhalb einjepökelt nach Hause tragen würde.

Kößling ließ sich das Tier in das Netz werfen, in dessen Maschen es sich sofort schnappend und zappelnd verwickelte, und keine Macht der Erde, sagte er, könnte ihn bestimmen, zu dulden, daß Demoiselle Jettchen die Last trüge.

Jettchen bat um das Fischnetz, doch vergeblich, und wenn man ihn erschlüge, er würde es nicht dulden.

Jason sagte ihm, daß es wohl für ihn weniger passend sein würde, das Fischnetz zu tragen, als für seine Nichte.

Aber Kößling blieb fest und sagte, daß, wenn man ihn für einen Diener halten möchte, er sich nur freuen würde, für ihren Diener gelten zu können. Jason bestand nun darauf, daß er wenigstens mit anfassen dürfte, am Bügel, aber auch hiervon wollte Kößling nichts wissen.

„Nun schön, Herr Doktor, wenn Sie mir helfen, den Fisch nach Hause zu bringen, müssen Sie uns auch helfen, ihn zu vertilgen."

„Ja, Kößling – ich nehme Sie heute abend mit zu meinem Bruder. Mitgefangen, mitgehangen."

Jetzt wurde dem großen linkischen Doktor, der gesellschaftlich ein Kind war, doch angst und bange. Nein, so hätte er es nicht gemeint. Er könnte das gar nicht annehmen, und er wüßte auch gar nicht, ob es dem Onkel recht wäre. Sie könnten ihn doch nicht einladen zu eines anderen Mannes Tische.

Oh, wohl könnte er das, sagte Jason, denn er sei noch mit zehn Prozent am Manufakturwarengeschäft des Bruders beteiligt und habe ergo Verfügungsrecht über ein Zehntel des Fisches. Dafür dürfe er immer einen Gast mitbringen. Mehr wie ein Stück Fisch dürfe der natürlich nicht verzehren, wenn er nicht sein – des Onkel Jason – Einkommen schmälern wollte.

Jettchen, die sich an der Verwirrung Kößlings belustigte, sagte, das wäre nicht so schlimm. Er brauche sich nicht zu fürchten. Sie würde ihm auch noch ein halbes Stück abgeben.

„Ja, wenn Sie mir ein halbes Stück abgeben wollen, dann komme ich", sagte Kößling und blickte an sich hinunter, ob er auch noch derselbe wäre wie vorhin.

Jettchen mißfiel diese Huldigung nicht, denn ein Blick hatte sie belehrt, daß dieser Mensch in seiner linkischen Art gegen alle, die ihr schmeichelten, wie ein weißes, unbeschriebenes Blatt war gegen dicke Sündenregister.

„Na, kommen Sie nur heute zu meinem Bruder, ich hole Sie ab, Doktor. Da werden Sie Menschen kennenlernen, die

Ihnen neu sind; sie sind nicht immer angenehm, aber sie haben auch ihr Gutes. Warum denn – es muß doch nicht alles Literat sein!"

Sie schlenderten wieder die Spandauer Straße hinauf, streckenweise mußte Onkel Jason hinterherhinken, da nicht drei nebeneinander gehen konnten auf dem schmalen höckerigen Streifen von Bürgersteig. Jason tat das fluchend und räsonierend, daß eigentlich Kößling hinterherlaufen müßte, da besagte Dame seine Nichte wäre und jenen gar nichts anginge. Aber Kößling meinte, daß der andere so lange Jahre schon den Vorzug genossen habe, neben ihr diesen Lebensweg zu gehen, daß man es ihm nicht verargen könne, wenn er nun auch der gleichen Vergünstigung teilhaftig werden möchte. Er proklamierte nach dem Preußischen Landrecht gleiche Nichten für alle.

Sie standen wieder an der Ecke der Königstraße.

(aus: Georg Hermann, Jettchen Gebert, Roman, erschienen im Verlag Egon Fleischel & Co., Berlin 1906)

Franz Hessel

(1929)

Lohnt's noch, vom heutigen und gestrigen Alexanderplatz zu sprechen? Er ist wohl schon verschwunden, ehe diese Zeilen gedruckt werden. Schon wandern die Trambahnen, Autobusse und Menschenmassen um die Zäune breiter Baustellen und tiefaufgerissener Erdlöcher. Die gute dicke Stadtgöttin Berolina, die hier früher von hohem Postament den Verkehr regelte, ist abgewandert. Das benachbarte Scheunenviertel mit seinen schiefen und geraden, verrufenen und armselig ehrlichen Straßen und Gassen ist zum größten Teil bereits eingerissen. Düster ragen von Süden die Mauern des Polizeipräsidiums über die Trümmerstätte des Platzes. Von Nordosten überwächst Häuser und Zäune der hohe Turm der Georgenkirche. Polizei und Kirche werden so bleiben. Aber was sonst hier noch steht, wird fast alles eingerissen oder umgebaut werden. Die meisten Grundstücke und Parzellen sind bereits im Besitz der Hoch- und Untergrundbahn, die ihren Schacht gen Osten gräbt. Was sie davon abtreten wird, darf dann der neue Besitzer nicht nach Gutdünken bebauen, alle künftigen Bauten hier sind gebunden an die Entwürfe des Stadtbauamts. So besteht keine Gefahr, daß die Spekulation häßliche Mietskasernenblöcke mit düstern, luftarmen Quer- und Hintergebäuden türmt und kleistert. Um eine Mittelinsel, auf der Kreisverkehr eingerichtet werden wird, sollen in Hufeisenform Hochhäuser aufwachsen.

Wo Altes verschwindet und Neues entsteht, siedelt sich in den Ruinen die Übergangswelt aus Zufall, Unrast und Not an. Wer hier die Schlupfwinkel kennt, kann in seltsame

Wohnstätten finden und führen, schaurige Zwischendinge von Nest und Höhle. Da versteckt sich zum Beispiel in den Kellerräumen einer abgerissenen Mietskaserne, die einen der großen Obstläden enthielt, welche zur nahen Markthalle ihre Wagen und Körbe sandten, hinter Schutt und Mörtel der „Bananenkeller", eine traurige Schlafstelle für Obdachlose, die in den Nachtasylen nicht mehr unterkommen können oder wollen. Sie kriechen hier in ihren Winkel, wenn die Lokale rings am Platz und in den nahen Straßen geschlossen werden. Sie ziehen die Beine nur ein bißchen näher an den Bauch und zerren die Jacke über die Knie, wenn wir unbefugten Eindringlinge an ihnen vorüberstolpern. Andre Kellerräume enthalten kleine Basare, deren Inhalt an den Pariser Flohmarkt erinnert. Da sind zu verkaufen: Konservengläser und Karbidlampen, Vogelkäfige und Papierkörbe, alte Zylinderhüte und Lampenzylinder, Russenkittel, „kaum getragene" Schuhe, Schnürsenkel und Ölgemälde mit „Gold"rahmen, Plumeaux und sogar Straußenfedern. Auch die Oberwelt ist voll fliegenden Handels. Am Zugang des Georgenkirchplatzes, wo im Regen frierende Dirnen um die Ecke schleichen und starr stehen, sah ich aus der Zaunlücke des Abbruchs eine graue Alte den armen Geschöpfen weißleinene feste Unterbeinkleider hinhalten. Das sollten sie gegen die Kälte über die durchbrochene „Reizwäsche" ziehen.

An Ruinen entlang, die an die Trümmer zerschossener Städte erinnern, kommen wir in die Münzstraße und in dichtes Gedränge. Vor dem Ausschank liegt ein Weib auf dem Boden, über ihr, noch in Boxerstellung, einer der Gesellen in Mütze und Sweater, die hier vorherrschen. Interessiert sehen die Umstehenden zu. Einzugreifen wagt keiner. Es zeigt sich auch kein „Grüner". Die Justiz, die hier vollzogen wird, erfreut sich allgemeiner Anerkennung. Wir werden weitergedrängt. „Ihr seid wohl übrig jeblieben von jestern", ruft einer unsrer kleinen Gruppe nach. In der nächsten Straße, ich weiß nicht, ob wir näher oder weiter vom Platz sind, drängen sich die Leute um einige Straßenhändler. Da ist der mit den Krawatten überm Arm: „Alles für eine Mark. Die janze Filmwelt trägt meine Binder." Der drüben mit den Schnürsenkeln scheint große Beredsamkeit zu entwickeln, aber durch seine zahlreiche Zuhörerschaft können wir nicht hindurch. „Zauberhölzchen", schreit's von rechts her neben dem Stand mit den Visitenkarten, die gleich mitzunehmen sind, frisch von der Prägemaschine. Dampf steigt warm auf um den Schild „Bouletten von Roßfleisch, Stück 5 ch.". Jetzt sind wir, glaube ich, in der neuen Königstraße. Hier interessieren mich am meisten die Anschläge und Aufschriften über und an den Läden: „Hundeklinik und -Bad, Hunde- und Pferdescheranstalt" und kleiner darunter „Kupieren, kastrieren, schmerzl. Töten". „Der neue Hut, aber ein Cityhut muß es sein", „Künstlergardinen" (was für Vorhänge mögen das sein?). Und vor einer tiefen Tür „Achtung! Hier im Keller ist Rattengift gelegt." Ein Laden umfaßt zweierlei Gewerbe: Übersetzungsbüro und Kunststopferei.

(aus: Franz Hessel, Spazieren in Berlin, erschienen im Verlag Dr. Hans Epstein, Leipzig und Wien 1929)

Curt Moreck

(um 1930)

Die im Schatten Wandelnden haben immer die Sehnsucht nach dem Licht, aber die im Licht Wandelnden sehnen sich nicht minder nach dem Schatten. Nur die Art dieser Sehnsucht ist verschieden. Was die letzteren angeht, so definieren wir die Sehnsucht als Neugier, Sensationslust, Nervenreizsucht. Diese Nervenreizsucht befriedigt sich gern am prickelnden Spiel der Gegensätze, am erregenden Genuß des Ungewohnten, an dem romantischen Verlangen nach der Gefahr.

Der stille Wunsch, einen Blick zu tun in das andere Gesicht der Stadt, in das maskenlose Gesicht der brutalen Wirklichkeit mit ihren Schauern, er ist es, der die Frage nach dem Schleichpfad in die „Unterwelt" – das ist das verborgene, heimliche Leben der Großstadt, zu dem man hinuntersteigen muß, hinuntersteigen aus dem Hellen, aus der Öffentlichkeit, von der gesellschaftlichen Stufe, auf der man sich sonst wohl fühlt. Unterwelt – es ist eine Metapher, aber eine von tiefer symbolischer Bedeutung, eine voll erschreckender Wahrheit. Zwar, es ist nicht alles Unterwelt, was dunkel ist. Es gibt ein ebenso falsches Elend und Verbrechen, wie es einen falschen Glanz und Luxus gibt. Es gibt hier wie dort die gleiche Kulissenwelt, das gleiche Komödiantentum. Nur das Kostüm unterscheidet die Akteure.

Die Geographie der Berliner Unterwelt ist kein leichtes, kein einfaches Studium. Die Berliner Unterwelt ist sehr ausgedehnt. Sie hat verschiedene Zentren. Sie liegt auf der rechten Hälfte des Pharusplanes von Berlin. Ihre drei Mittelpunkte sind Stettiner Bahnhhof, Alexanderplatz, Schlesischer Bahnhof. Von hier aus strahlen die ihre Schlupfwinkel beherbergenden Straßen aus. Hier herrscht Dunkelheit, nur vereinzelt brennen trübe Straßenlaternen. Der härteste Kontrast zu den in Lichtfluten ertrinkenden Straßen des Westens und der City. Hier ist im wahrsten Sinne die Schattenseite Berlins. Wer hier lebt, lebt im Dunkel, so und so.

Merkwürdig, daß am Alexanderplatz, wo die Zwingburg der Gerechtigkeit, Berlins Scotland Yard sich erhebt, auch die Verbrecherwelt sich konzentriert, gleichsam unter dem Protektorat der Polizei. Auffallend ist die Under, rotes Mündchen, Puder und Lächeln auf dem Gesicht, kleine spitze Brüste zeichnen ihre Knospen durch den Stoff. Die Jazzband setzt mit einem modernen Schlager ein. Das Mädchen beginnt einen Stepptanz. Der Rhythmus rieselt durch die Körperkonturen, und schon gesellt sich ihr der Partner. Aber das ist kein Mensch, kein geschniegelter Jüngling, kein fescher Gigolo. Weiß das Gesicht, gelb der Schopf über dem schwarzen Rumpf, an dem die Arme schlaff herunterbaumeln, an dem die Füße leblos über den Boden schleifen. Es ist kein Mensch. Es ist eine drollige, schaurig komische Puppe, ein Körper ohne Leben, ohne Ausdruck, ein unlebendiges und doch nicht totes Etwas. Es ist eine Gruselpuppe. Man lacht, man spöttelt, man lacht… Und es geht doch von diesem merkwürdigen Tänzerpaar etwas Unheimliches aus, das das Lachen auf den Gesichtern zu einer maskenhaften Starrheit gerinnen läßt…

Vom Alex zur Münzstraße ist nicht weit. Dort gibt es neue Sensation. Schon die Straße ist eine, ihr Name hat einen verdächtigen Klang. Nicht wegen der Münze, die darin abklingt, aber wegen ihres Rufes, der nicht der allerbeste ist. Wir sind im Zentrum der östlichen Prostitution, die hier ihre Absteigen hat. In den Erdgeschossen mehr oder minder honette Kneipen. Drinnen ein typisches Gemisch von Bürgern und ihren Antipoden, von Wurzelfesten und Entwurzelten. Vor diesem oder jenem Lokal würde, wenn es in

Paris läge, die bekannte Ehrengarde von drei Polizisten stehen, mit denen der Polizeipräfekt die Stammkneipen der Verbrecher auszeichnet. Nicht zum persönlichen Schutz der Außenseiter der Gesellschaft, sondern aus beruflicher Neugierde. Man will wissen, wer in den Lokalen aus und ein geht. In Berlin ist die Polizei nicht so neugierig. die Uniformierten halten sich den Kneipen fern. Nur Kriminalbeamte kehren dort gelegentlich als Gäste ein. Im übrigen gibt es zwecks ständiger Beobachtung ein wohlorganisiertes Spitzel- und Vigilantentum, durch das man die notwendigen Informationen erhält.

Die Attraktion der Gegend ist das Frühlokal „Alt-Mexiko". Das Dorado berlinischer Konquistadoren. Schon ein bißchen eine literarische Angelegenheit geworden, seit Döblin seinen Roman „Alexanderplatz" veröffentlicht hat. Und doch nicht Literatur. Palmen, aber nicht echte, wie im Adlon und Bristol, sondern künstliche in jenem giftigen Grün, wie es nicht einmal die Tropen hervorbringen, sondern nur die Farbtöpfe der abendländischen Malermeister, bilden die Dekoration. Keine Menschenopfer gibt es in diesem Alt-Mexiko, keine blutigen Schlächtereien. Und doch fallen auch in dieser Welt Menschen als Opfer auf der Schlachtbank des Lebens in Unzahl. Der Moloch frißt noch immer, noch immer...

Schwankende Nachtbummler finden schon früh um sechs in Alt-Mexiko Asyl und Stärkung. Eine Bockwurst mit Kartoffelsalat kostet eine halbe Mark. Eine Tasse Kaffee mit Gebäck nur 35 Pfennige. Es gibt auch für ein paar Groschen ein mexikanisches Spezial-Ananasgetränk. Und über unsern Häuptern wedeln die Palmen. Wolkt Rauch, Opferrauch aus Zigarren und Zigaretten und Pfeifen. Man sitzt an schweren, viereckigen Tischen. Man stützt die Arme auf das rohe Holz, das fast faustdick ist. Tische und Stühle bitte nicht als Konfetti zu benutzen, auch wenn die Stimmung sehr lustig ist. Tafeln an der Wand bezeichnen schon im Vorraus die Kosten für zerbrochenes Geschirr. Es werden nur die

Selbstkosten berechnet, aber die müssen sofort berappt werden. Die Preislisten lassen tief blicken. Aber das Vergnügen ist nicht sehr kostspielig. Übrigens: Das Register hat ein Loch. Fensterscheiben stehen nicht darin. Man beschränke sich auf den Konsum der preiswert empfohlenen Speisen und Getränke, und genieße erschauernd als Gratiszugabe die Atmosphäre, in der Unterweltsbrüder mit Gesichtern von Döblinscher Prägung Schenkel an Schenkel mit uns sitzen...

(aus: Curt Moreck, Führer durch das „lasterhafte" Berlin, erschienen bei edition divan, Berlin 1987)

Ernst Engelbrecht

(1930)

Ein wohl nicht weniger gefährliches und bedeutendes Verbrecherviertel ist das Scheunenviertel. Unter Scheunenviertel versteht man die Straßen und Gassen, die sich zwischen Alexanderplatz und dem Rosenthaler Platz von der Lothringer Straße bis zur Stadtbahn um die Münz- bzw. Weinmeisterstraße herumgruppieren. Hier wohnten im alten Berlin die armen Leute, und hier befanden sich schon früher die Quartiere der Armut und die Schlupfwinkel der Verworfenheit. Hier wohnten damals Holzhauer, Torfträger und die „Unratweiber", deren wichtige Tätigkeit mit der Einführung der Kanalisation ein Ende gefunden hat. Dazu natürlich Dirnen und alles mögliche andere Gesindel, das sich hier schreiend herumzankte und -prügelte. Im Jahre 1846 wies Berlin nach einer statistischen Aufstellung ja schon 2000 Verbrecher, ebensoviel Obdachlose sowie etwa 8000 Bettler und andere fragwürdige Existenzen auf, und im Laufe dieser Zeit wurden die engen Gassen und die schmuddeligen Häuser des Scheunenviertels immer mehr zum Schlupfwinkel des Verbrechertums. Erst mit der Niederreißung großer Teile dieses Scheunenviertels, um einigen neuen Straßen und vor allem dem Neubau der Volksbühne Platz zu machen, sind hier etwas bessere Verhältnisse eingetreten.

Durch die Münz-, Grenadier-, Dragoner-, Mulack- und Schönhauser Straße zieht schon von den frühen Vormittagsstunden an allerlei Gesindel und bevölkert die zahlreichen Kaschemmen. In der Münzstraße finden wir im „Münzhof", in der „Münzglocke", in der „Münzklause", in der „Alexanderquelle“, in „Martins Hackepeter“ usw. stark besuchte Verbrecherlokale, in denen allerdings nicht nur Verbrecher, sondern auch gelegentlich, aber nur selten und ausnahmsweise, ehrliche Arbeiter und ihre Angehörigen zu verkehren pflegen. In der Prenzlauer Straße, dicht an der Münzstraße, sind das Café Mexico und in der Schönhauser Straße der „Gute Happen“ und andere Speiselokale nicht minder gefährliche Brutstätten des Verbrechertums. Das „Münz-Theater“ und das „Biograph-Theater“, die schon in den Vormittagsstunden ihre Pforten geöffnet haben und ihr Publikum durch wirklich ohrenbetäubendes Orchestrionkonzert anlocken, sind um keinen Deut besser. Die Ecken der unsauberen Straßen, namentlich der Roch-, Grenadier-, Dragoner-, Kaiser-Wilhelm- und Schönhauser Straße, werden von verwahrlosten, kleinen, widerlich schmutzigen Mädchen bevölkert, wie man sie wohl in ganz Berlin nirgends häßlicher und abstoßender wieder zu Gesicht zu bekommen Gelegenheit hat. In der Schönhauser Straße liegt der schon einmal erwähnte „Gute Happen“, augenblicklich wohl das bekannteste und besuchteste Massenlokal der Berliner Verbrecherwelt. Von außen völlig unscheinbar, läßt es den Riesenbetrieb drinnen nicht im entferntesten ahnen. Die Gäste, meistens junge Burschen und liederliche Mädchen, der Nachwuchs des Verbrechertums, geben sich die redlichste Mühe, die Blechmusik der Hauskapelle zu überschreien, und wer mutig genug ist, sich an einen der wenig sauberen Tische niederzulassen, wird bald von bettelnden, aufdringlichen Megären belästigt. Schon nach wenigen Minuten merkt man dann meistens irgendwo am Bein oder am Arm einen unbehaglichen Juckreiz, der dann zu Hause eine ausgiebige Jagd erforderlich macht. Ein noch größeres Lokal, das berüchtigte Café „Dallas“, aus dem zur Zeit der Inflation bei Razzien Dutzende von Lastkraftwagen von Gesindel herausgeholt wurden, hat schon seit mehreren Jahren sein Pforten geschlossen und einem Kino Platz gemacht. Hier waren früher Gabeln und Löffel mittels langer

Eisenketten an der Wand befestigt, um ihre Entwendung zu verhindern. Eine Angestellte des Hauses ging dann mit einem großen Bottich, in dem sich eine fürchterlich schmutzige Brühe befand, öfter mal von Tisch zu Tisch, um Tischplatten und Bestecke einer Reinigung zu unterziehen. In der Mulackstraße ist ein Verbrecherlokal besonders bemerkenswert. Es liegt in einem ganz winzigen Häuschen, das nur eine einzige Gaststube zu beherbergen vermag. Als ich vor mehreren Jahren einmal dort war, gab es hier noch wirklichen Brennspiritus zu trinken. Dieser „Brennabor" schien allen Gästen vortrefflich zu munden. Inzwischen ist hier doch vieles anders geworden, heute wird neben Kaffee und Kartoffelpuffern auch Bier verabfolgt. Trotzdem scheinen die alten Gäste zugelassen, die mindestens fünf Jahre Zuchthaus „abgemacht" hatten und wenigstens 60 Jahre alt waren. Auch bei Frauen wurde ungalanterweise bezüglich der Altersgrenze keine Ausnahme gemacht. Ob das auch heute noch so ist? Alt, sehr alt, schmutzig und verblödet ist jedenfalls auch heute noch die Mehrzahl der Gäste. Der Albert-Keller in der an die Münzstraße anschließenden Weinmeisterstraße ist eines der wenigen Überbleibsel einer ganzen Anzahl von Verbrecherkellern, die hier früher einen regen Tag- und Nachtbetrieb unterhielten. Alle diese offiziellen Keller, die der Polizei nicht nur als Verbrecherunterschlupfe bekannt waren, sondern sich auch des überaus lebhaften Besuches eines neugierigen, besseren Publikums erfreuten, wie der „Blaue Strumpf", „Joachim-Keller", „August-Keller", „Borsig-Keller", „Katakomben-Keller", und wie die mehr oder weniger zweifelhaften Verbrecherkeller alle hießen, haben auf höhere Anordnung hin inzwischen ihre Pforten schließen müssen. Mit diesen Kellern, die sich im Laufe der Jahre aus den primitivsten und schmutzigsten Verhältnissen heraus zu immerhin sauberen Lokalen entwickelt hatten und in denen nur einige verdächtige Verbrecherphysiognomien an die Gefahren, die des Gastes hier harrten, erinnerten und zur Vorsicht mahnten, ist das letzte Stückchen Poesie aus dem Berliner Verbrecherleben geschwunden.

Ähnlich wie in anderen europäischen Großstädten, zum Beispiel in Genua, Köln, Hamburg, Neapel usw., zieht sich auch das Berliner Verbrecherviertel, eigentlich unter dem Schutze der Polizei, bis dicht an das Polizei-Präsidium am Alexanderplatz heran. Wenn die genannte Münzstraße auch als das Zentrum des Scheunenviertels bezeichnet werden kann, so dehnt sich das Verbrechertum doch im Nordosten bis zum Stettiner Bahnhof aus. Auch am Stettiner Bahnhof gibt es schauderhaft unsaubere und gefährliche Straßen, die ich keinem Fremden bei Nacht allein zu durchschreiten anraten möchte. Die Eichendorff-, Borsig-, Tiekstraße, also das südliche vom Stettiner Bahnhof gelegene Straßenviertel, zeigt überall einen stark ausgeprägten Verbrecherverkehr und zahlreiche Verbrecherkaschemmen. Die interessanteste Kaschemme ist hier „Die blutige Träne", in der hauptsächlich Einbrecher und andere Schwerverbrecher zu verkehren pflegen. Wenn die Polizei sich mal veranlaßt fühlt, der „Blutigen Träne" eine gewisse Aufmerksamkeit zu widmen, so werden hier neben langjähriger treuer Kundschaft der Polizei immer auch gerade besonders eifrig gesuchte Verbrecher und eine ganze Anzahl noch unbekannter, aber verdächtiger Personen aufgegriffen.

Schon früher, vor etwa hundert Jahren, hatte Berlin außer dem vorgenannten Scheunenviertel noch ein anderes Verbrecherviertel, das mit seinen vielen Spelunken, wie man damals die Kaschemmen offiziell bezeichnete, der Polizei außerordentlich viel zu schaffen machte. Dieses zweite alte Berliner Verbrecherviertel befand sich in der Dorotheenstadt und zog sich bis in die Jerusalemer Straße hinunter. Wie wir heute in Berlin große Massenlokale haben, in denen die weit größere Anzahl Gäste dem Verbrechertum zuzuzählen ist, gab es auch schon vor hundert Jahren in Berlin derartige Betriebe, in denen neben einzelnen Studenten und Bürgersleuten hauptsächlich Verbrecher und ihr zweifelhafter Anhang das Stammpublikum bildeten. Die bekanntesten Betriebe dieser Art waren die Tanzlokale „Zum Onkel“ in der Dorotheenstraße und „Vater Gräbert“ in der Kleinen Waldemarstraße. Waren diese beiden Tanzlokale noch einigermaßen anständig – man traf dort gelegentlich auch junge, unternehmungslustige bessere Leute –, so waren aber die anderen in der Dorotheenstraße, in der Jerusalemer, Linien- und Mulackstraße gelegenen Lokale, in denen nur finstere Gesellen mit ihrem üblichen weiblichen Anhange verkehrten, desto berüchtigter. Eine der gefährlichsten Kaschemmen dieser Art war „Die lederne Flinte“ in der Jerusalemer Straße. Die besondere Anziehungskraft dieser Spelunke bestand in einem Puppentheater, das in dem Tanzsaal eingerichtet war und seichte, meistens erotische Puppenspiele vorführte. Während man Werktags hier nur Verbrecher und Dirnen antreffen konnte, sah man Sonntags gelegentlich auch Soldaten der Garnison in Begleitung ihrer allerdings meist weniger einwandfreien Mädchen. „Die lederne Flinte“ war viele Jahrzehnte hindurch das weitaus übelste Lokal von ganz Berlin. Das Treiben war hier derart schamlos, daß die Anwohner selbst häufig zur Selbsthilfe griffen und die aus dem Lokal herausgehenden Gäste nach Strich und Faden verprügelten. Schließlich gelang es dann den hartnäckigen Beschwerden der Nachbarschaft doch, die endgültige Schließung des Lokals durchzusetzen. die anderen Kaschemmen, wie zum Beispiel der „Türkenkeller“ in der Neuen Promenade, „Monno“ in der Grenadierstraße 33, der „Schmortopf“ in der Mulackstraße, der „Puttkopf“ in der Linienstraße, Spiegelbergs Tanzsäle vor dem Prenzlauer Tor und vor allem der Verbrecherkeller an der Leipziger, Ecke Jerusalemer Straße, wo heute das Warenhaus Tietz steht, waren aber keinesfalls besser. Überall verjubelten Diebe und Gauner ihre Beute im Verein mit Freunden und Freundinnen, und meistens ging es dabei so laut zu, daß allnächtlich die Polizei einschreiten mußte. Eine besondere Spezialität war noch der „Silberladen“ in der Königstraße, ein ziemlich elegant eingerichtetes Lokal, in dem vorwiegend Einbrecher verkehrten und ihre „Sohre" verschärften. Der „Silberladen" war eine wirkliche Verbrecherbörse, es gab wohl kaum einen größeren Einbruch oder ein besonderes Kapitalverbrechen in Berlin, das hier nicht vorher geplant und beraten worden wäre.

Die Berliner Polizei ging nicht gerade gern an eine zeitweise Schließung dieser Lokale und tat es nur dann, wenn die Beschwerden seitens der Bürgerschaft wirklich knüppeldick einliefen. Alle diese Spelunken waren ja der Polizei willkommen, denn sie gaben ihr häufig gute Gelegenheit, hier gesuchte Verbrecher zu ermitteln.

(aus: Ernst Engelbrecht, In den Spuren des Verbrechertums. Ein Streifzug durch das großstädtische Verbrechertum und seine Schlupfwinkel, erschienen im Peter J. Oestergaard Verlag, Berlin-Schöneberg 1931)

Julius Rodenberg

(1886)

Von den großartigen Baudenkmälern unsrer Epoche wird, wenn sie vollendet, diese Straße das großartigste sein, in den Augen späterer Geschlechter vielleicht lange noch das erkennbare Zeichen für das Berlin Kaiser Wilhelms, dessen Namen sie trägt. Umgeben von den ehrwürdigen Erinnerungen an den Großen Kurfürsten und den imposanten Archtitekturen, mit denen Preußens Könige nacheinander ihre Residenz geschmückt, wird sie fast unabsehbar, in glänzender Linie die Linden bis an die Grenzen der Königstadt fortsetzen, den Pariser Platz in beinahe gerader Richtung mit dem Alexanderplatz verbinden und eine Straßenflucht darstellen, wie Sie kaum eine zweite Hauptstadt Europas aufzuweisen hat – mit dem Grün des Tiergartens, durchschimmernd durch die Säulenhalle des Brandenburger Tors, dem Grün der Linden am Anfang, dem Grün des Lustgartens, ernst überragt von den Werken Nehrings und Schlüters, in der Mitte, und nun, mit kühnem Satz das Wasser überbrückend, das Wasser der Spree, sich Bahn brechend in das jenseitige Berlin hinein, und diesen ältesten Teil unserer Stadt, von jeher Sitz der bürgerlichen Arbeit und der bürgerlichen Verwaltung, mit einem Widerschein gleichsam dessen erfüllend, was schön und charakteristisch ist an unsern Königsbauten: mit verzierten Giebeln und Erkern und breiten, kronentragenden Kuppeln, mit kunstvoll verschnörkelten, flachgewölbten Fenstern und Portalen, mit breiten, umgitterten Balkonen und reich ornamentierten Fassaden.

Es werden auch Paläste sein, aber solche des Handels

und der Industrie – große Läden, Magazine, Warenlager im Erdgeschoß und ersten Stock und darüber Wohnungen in bequemer Lage. Man konnte nicht eine Luxusstraße bauen wollen in dieser Gegend; die Kaiser-Wilhelm-Straße sollte vor allem einem Bedürfnis dienen: Es sollte durch sie der ungeheuer gesteigerte Verkehr des neuen, mächtig angewachsenen Berlins mit dem Mittelpunkte des alten entlastet werden. Zur Bewältigung desselben gab es bisher nur zwei Zugänge: den gänzlich ungenügenden des Mühlendamms und den auch längst nicht mehr ausreichenden der Königsstraße. Die Linden sind zehnmal und einige von unsern Gürtelstraßen über elfmal so breit als diese Straße, die wichtigste Durchfahrt der Königstadt und eine der wichtigsten in Berlin überhaupt; in der Tat, so schmal ist sie, daß an einigen Strecken derselben für die Stunden, wo die Flut des Mittags sich durch sie wälzt und aus den einmündenen Straßen immer neue Nahrung von Fußgängern, Droschken, Omnibussen und Pferdebahnwagen empfängt, der Güterverkehr ganz eingestellt werden mußte. Die Notwendigkeit gebot, einen dritten Eingang zu schaffen, welcher den Anforderungen der Gegenwart und Voraussetzungen der Zukunft mehr entspräche: Und dies war die Kaiser-Wilhelm-Straße.

Aber sie hatte nicht diese Bestimmung allein.

Der Gedanke der Kaiser-Wilhelm-Straße tauchte gleichzeitig mit dem Beginn der baulichen Umgestaltung Berlins unmittelbar nach dem Kriege von 1870/71 auf – ein Beweis, wie naheliegend er war; aber es dauerte nicht viel weniger als vierzehn Jahre, bevor man ernsthaft an die Ausführung gehen konnte – ein Beweis, welche Schwierigkeiten derselben engegenstanden. In diesen vierzehn Jahren war Berlin eine neue Stadt geworden; es hatte sich nach Osten und Westen, nach Süden und Norden fast gleichmäßig ausgedehnt, und überall war für die Bewegung einer um das Doppelte vermehrten Einwohnerzahl Raum gemacht; Straßen waren erweitert, Straßen waren durchbrochen worden, und die neuen Vorstadtgebiete wetteiferten in der Zweckmäßigkeit ihrer Anlagen, in allem, was die Gesundheit der Bevölkerung und die Leichtigkeit der Zirkulation bedingt, mit den bevorzugtesten Teilen der Stadt und übertrafen sie noch.

Unberührt von diesem Wandel, der sich vor unsern Augen vollzog, bis wir uns daran gewöhnt hatten wie an das Alltägliche, blieb nur der innerste Kern unserer Stadt, der zugleich ihr ältester ist – Alt-Berlin oder die Königstadt. Ihre Gäßchen und Höfe waren noch so finster und feucht, so schmutzig, höhlenartig und, mitten in einer dezenten Umgebung, von einer solch unsaubern Gesellschaft bewohnt wie vor dreihundert Jahren; und ihre Hauptstraßen, die keinen geringen Teil des Reichstums von Berlin repräsentieren, hatten ein kleinstädtisches Ansehen wie vor hundert Jahren. Alles, die Namen und die Zustände selbst, erinnerte hier an die Vergangenheit. Die Königstraße war nicht breiter als zu der Zeit, wo durch dieselbe Preußens erster König seinen triumphalen Einzug gehalten; die Neue Friedrichstraße nicht viel anders, als sie, mit ihren Nebenstraßen im Spandauer Viertel, aus den Händen von Friedrichs des Großen Baumeistern hervorgegangen war. Dazwischen lag ein Stück Mittelalter, so räucherig wie nur irgendeines – das einzige, welches sich in Berlin erhalten, kein besonders glänzendes oder erfreuliches, welches als Muster hätte dienen, keins, auf welches man seiner historischen Assoziationen oder gegenwärtigen Gestalt halber sich etwas hätte einbilden können. Aber trotzdem, wenn man sich in diese Straßenlabyrinthe begab, übersprudelnd von Leben, wenn nicht ganz so malerisch wie das Ghetto von Rom; wenn man nicht weit von der Stelle, wo das Patrizierhaus der Blankenfelde noch steht und das der Zehlendorf und Ryke gestanden hat, jenen geheimnisvollen, unnahbaren Hintergrund sich erheben sah – denn wer, dem sein guter Name oder nur sein guter Rock lieb war, hätte den Kleinen Jüdenhof mit seinen Dependenzen der Schmalen und der Ka-

landsgasse oder die Königsmauer, solange sie noch in ihrer Sünden Blüte stand, betreten mögen? –, trotzdem, sag ich, wenn man dies alles zusammennahm, hatte man hier, mitten in diesem völlig mordernen oder mordernisierten Berlin, was man in dieser Stärke sonst an keinem Punkte desselben haben konnte: das Gefühl eines anderen Jahrhunderts. Man sah es nicht an einem einzelnen Gebäude, man war durchaus von ihm umgeben. Das war es, was die Königstadt in ihrem bisherigen Zustand dem gelegentlichen Wanderer so überaus anziehend, in jeder andern Hinsicht aber ihre Umgestaltung von Grund aus so dringend wünschenswert machte. Die Steine selber, schwarz von Alter und triefend von Nässe, schienen zu rufen: Luft! Licht!
[...]

Unter dem grauen Novemberhimmel stehe ich vor einem beträchtlichen Gebäude der Großen Hamburger Straße, dessen Glocke ich nicht ohne ein gewisses Zagen berühre. Das Haus ist die Jüdische Alter-Versorgungsanstalt, das daneben die Jüdische Knabenschule, und beide zusammen begrenzen den ältesten, nunmehr schon lange geschlossenen Jüdischen Friedhof, welcher ein weites, offenes Terrain zwischen den benachbarten Quartieren der Großen Hamburger und Rosenthaler Straße bildet und gegen Norden an den gleichfalls längst geschlossenen alten Sophienkirchhof stößt – dort sind von literarischen Zeitgenossen Ramler und die Karschin, hier ist Moses Mendelssohn bestattet worden.

Zögernd nur, wie ich sie gezogen, meldet die Glocke mich im Innern an; undeutlich durch das Wagengerassel, das in diesen Straßen nicht aufzuhören scheint, vernehme ich nahende Schritte, die Tür wird mir von einer freundlichen Dame geöffnet, und noch bevor ich den Friedhof betrete, mache ich die Bekanntschaft ihres Oheims, des Herrn Friedhofsinspektors Landshuth. Der Herr Inspektor ist ein Mann von neunundsechzig Jahren und das Bild eines anspruchslosen jüdischen Gelehrten. Die Fenster seines

Studierzimmers gehen nach dem Friedhof; die eine Wand ist ganz mit Büchern und Schriften bedeckt, an der anderen hängen zahlreiche größere und kleinere Porträts jüdischer Berühmtheiten, den Ehrenplatz in der Mitte nebeneinander haben Lessing und Mendelssohn. Namentlich mit dem letzteren hat der Herr Inspektor sich viel beschäftigt; er ist noch einer von denen, die fest an den Mendelssohnschen Ideen hängen, und er zeigte mir einen Kasten, der voll von teilweise noch ungedrucktem Material zur Geschichte Mendelssohns ist. Hier, mitten in Berlin, in einer seiner bevölkertsten Gegenden, lebt dieser Mann, wie weit von ihm geschieden, ein Leben der Vergangenheit. Er lebt mit seinen Toten, und seine Toten leben mit ihm; er lebt mit ihnen wie in einer großen Familie, ist vertraut mit jedem Grabstein, hat viele von den ältesten überhaupt erst wieder aufgerichtet, deren Inschriften entziffert, manche ganz neu wiederhergestellt und hält sie alle in musterhafter Ordnung. Er kennt genau die Geschichte jedes einzelnen dieser unzähligen Toten, von denen nichts mehr ist als ein eingesunkener Hügel und ein Name, die vielfachen Familienverzweigungen bis auf den heutigen Tag, ihre ehemaligen Wohnstätten und deren Veränderungen im Laufe der Zeit. Auf diesem Friedhofe ruhen die Väter der jetzigen jüdischen Gemeinde von Berlin, sie, die vor zweihundert Jahren aus Wien kamen; die Vorfahren aller gegenwärtigen Größen jüdischen Ursprungs und unter ihnen nicht wenige, deren Nachkommen, ihrem jüdischen Ursprung entfremdet, hohe Stellungen im Staat und in der Beamtenwelt einnehmen. Aber für den Herrn Inspektor gehören sie noch immer zur Familie, und mit derselben Liebe und Pflege hegt er ihr Gedächtnis.

Er gibt mir das Geleit bis an den Eingang des Friedhofs; denn der Boden ist feucht und die Luft zu rauh für den würdigen Greis. Und nun bin ich allein unter diesen Toten. Der älteste Grabstein ist von 1672, der zweite von 1675, und bis zum Jahre 1827, wo der neue, nunmehr auch geschlossene

Friedhof vor dem Schönhauser Tor angelegt wurde, war dieser die einzige Begräbnisstätte der Gemeinde. Gegen zwölftausend Tote ruhen auf ihm. Die Juden haben einen schönen Ausdruck für einen Friedhof; sie nennen ihn den „guten Ort" – und er war es wohl jahrhundertelang für sie, der Ort, aus welchem sie nicht mehr vertrieben werden konnten. Ein jüdischer Friedhof, wenn er nicht etwa jene Art schauerlicher Romantik wie der Prager hat, bietet dem fremden Besucher wenig Anziehendes. Es ist nur die düstre Seite des Todes, die er zeigt; er verhüllt nichts durch freundlichen, zu den Sinnen sprechenden und sie beruhigenden Schmuck. Aber was die Pietät für die Gestorbenen betrifft, so möchte ich wohl in Berlin vergeblich einen andern Friedhof suchen, wo man ihr Andenken über zwei Jahrhunderte hinaus in gleicher Weise liebevoll erhalten hat. Mehr als dreitausend von den alten Grabsteinen sind ermittelt, renoviert und zum Teil wieder aufgerichtet worden. Die tiefe Melancholie des Herbsttages ruht auf dieser stillen Stätte voll aufrecht stehender Steine, mit kahlen Bäumen dazwischen und welkem Laub, aufgehäuft über den eingesunkenen Gräbern. Ringsum ist der Friedhof von einer Mauer und von Häusern eingeschlossen, durch den Nebel herein schaut der hohe Turm der Sophienkirche, und dumpf, mit den Geräuschen aus den umgebenden Gebäuden, mischt sich der Lärm der Stadt. Vorn an der Mauer, wo früher der Eingang gewesen, sind die Gräber der Rabbinen und dann, in einer großen Gruppe zusammen, die der ersten Einwandrer aus Wien. Viele von diesen Grabsteinen sind sehr zierlich ausgehauen, mit Säulenknäufen und Blumengewinden – dem spärlichen Zierat, welchen das jüdische Ritual den Toten gestattet. Hier und dort sieht man die segnend zusammengefügten Hände der Priester, die Gießkanne der Leviten. Auch der Löwe findet sich, um anzudeuten, daß der Name des hier Bestatteten Jehudah gewesen – denn Jehudah heißt Löwe. Zahlreich sind die Gedenktafeln, welche von Urenkeln bis zur achten Generation ihren Vorfahren gewidmet worden; und ganz am Ende gelangt man auf ein weites Stück, von Rasen bedeckt, wo nur noch einzelne; schon halb in die Erde gesunkene Steine stehen; dann wieder eine dichtere Reihe von Gräbern, versteckt unter Baum- und Buschwerk, zuletzt nur noch eines hier und dort – und nun auf einmal wieder die Stadt, aus der Ferne die Klingel der Pferdebahn und über meinem Haupte dahinfliegend eine Schar Raben…

Ein Grab aber hebt von allen Gräbern sich leuchtend ab – es ist von einem Gitter umschlossen, mit Efeu bewachsen, und auf dem Grabstein steht oben in hebräischer Schrift, unten in goldenen deutschen Lettern:

MOSES MENDELSSOHN
geb. zu Dessau den 6. September 1729,
gest. zu Berlin den 4. Januar 1786.

Er ruht nicht weit von Rabbi Fraenkel, seinem ersten, geliebten Lehrer, dem er aus der Heimat hierher nach Berlin gefolgt ist, nicht weit von Bernhard, der sein großmütiger Brotherr gewesen, und nicht weit von jenem merkwürdigen Abraham Rechenmeister, welchen Lessing als Derwisch im „Nathan" verewigt hat.

(aus: Julius Rodenberg, Bilder aus dem Berliner Leben, erschienen im Verlag von Gebrüder Paetel, Berlin 1887)

Agathe Nalli-Rutenberg

(um 1907)

Die Tore Berlins waren im allgemeinen sehr einfach gehalten; sie bestanden meist nur aus einem eisernen Gitter. Eines der schönsten – das Brandenburger Tor ausgenommen – aber war das Rosenthaler Tor in seiner architektonischen Ausführung. Es hatte drei Portale, in der Mitte ein größeres für Fuhrwerke und Reiter bestimmt; von jeder Seite dann ein kleineres für Fußgänger. An eines derselben anschließend befand sich ein kleines Gebäude, welches die Steuerbehörde innehatte (wie dies bei allen Toren Berlins der Fall war), und an dem zweiten war die mit Soldaten besetzte Wache angebracht.

Für die Berliner Jugend war es immer ein Gaudium, wenn die Bauernwagen, besonders die, welche mit Heu beladen waren, nach etwas Steuerbarem untersucht wurden. Dann fuhren die Steuerbeamten mit zwei Meter langen Eisenstangen, die unten geschlitzt waren, in das Heu hinein. Und wehe dem Bauer, wenn etwa ein Sack mit Mehl unter dem Heu versteckt lag! Dann mußte die ganze Ladung abgetragen werden, zum Ergötzen der Berliner Rangen, die ungestraft auf dem Heu herumtollten!

Auch war es damals Sitte, daß, wenn aus der Stadt beim Rosenthaler Tor eine Leiche nach dem Sophien-Kirchhof in der Bergstraße befördert wurde, die Wache hervortreten und das Gewehr präsentieren mußte, während die Trommel dazu wirbelte – als Ehrenbezeugung für den Toten...

Zum Schlusse möchte ich nun noch einen kurzen Rundgang durch die alten jüdischen Friefhöfe machen, und ich hoffe, daß mich der feundliche Leser auch dorthin begleiten wird, da die hier Ruhenden gleichfalls ihren sehr berechtigten Anteil an der Entwicklungsgeschichte Berlins haben.

Zuerst richten wir unsere Schritte nach der Großen Hamburger Straße, wo sich der erste alte jüdische Begräbnisplatz hinter dem Grundstück der jüdischen Altersversorgungsanstalt befindet. Er war vom Jahre 1672 bis zum 24. Juni 1827 in Benutzung gewesen, hatte dann lange Zeit sehr vernachlässigt dagelegen, ist aber jetzt wieder sauber und freundlich mit grünen Rasenplätzen hergerichtet; auch sind die gesunkenen Grabsteine wieder aufgerichtet worden.

Aus den langen Reihen der mit hebräischen Lettern beschriebenen Denksteine ragt in der Nähe der südlichen Kirchhofswand ein höherer Stein empor, umschlossen von einem eisernen Gitter, in dem sich ein mit Efeu umrankter Grabhügel befindet. Hier stehen wir an der Grabstätte Moses Mendelssohns. Unter der hebräischen Inschrift ist zu lesen: Moses Mendelssohn, geb. zu Dessau am 6. Sept. 1792, gest. zu Berlin am 4. Januar 1786. Das Grab trägt die Nummer 751. – Etwas weiter entfernt findet man an der Kirchhofsmauer zwei alte Epitaphien eingelassen, unter welchen der auf diesem Friedhof zuerst Bestattete, Herr Gumpericht Jechiel Aschkenast, und sein im Jahre 1689 verstorbener Schwiegersohn Baruch Raustitz ruhen. Aschkenast hatte das Grundstück der jüdischen Gemeinde zu einem Friedhofe geschenkt. Über den Epitaphien sind zwei Marmortafeln in die Mauer eingelassen, auf denen sich Widmungen an die längst Geschiedenen befinden, die von Herrn Samuel Nehemia-Speyer herrühren, einem in achter Generation von dem Verstorbenen abstammenden Enkel.

Mancher Gelehrte und manches hervorragende Mitglied der jüdischen Gemeinde liegt noch auf diesem Friedhofe gebettet. So z. B. der im Jahre 1806 verstorbene Hofbaurat Itzig und die am 10. Mai 1826 verschiedene Frau Hofrat Dr. Wolff, geb. Herne Marcuse, die damals in der Berliner Gesellschaft wohlbekannt war.

Auch ruhen dort die Goldschmidts, die 1789, zwei Jahre nur später, als die Familie Mendelssohn, die Generalprivilegien und Rechte christlicher Bürger durch Freibrief König Friedrich Wilhelms II. erhielten, und deren Nachkommen – wie in der "Vossischen Zeitung" vom 26. Dez. 1793 mitgeteilt wird – in Potsdam zum Einzug der kronprinzlichen Braut, späteren Königin Luise, ein großes Fest der dortigen Bürgerschaft in ihrem Hause, Hohenwegstraße 5, gaben. Eine Tochter aus jener Familie war sogar Ehrenjungfrau bei dem Einzuge der Kronprinzessin, was für damalige Verhältnisse, da die junge Dame doch Jüdin war, viel Aufsehen erregte. Die Nachkommen jener Goldschmidts leben noch jetzt in den Brüdern Rudolf und Karl Goldschmidt hier fort.

Wenn man nun den Kirchhof verläßt und die Große Hamburger Straße weiter hinaufgeht, so erblickt man vor dem Hause der jüdischen Knabenschule Nr. 27, in dem von einem Gitter umfriedeten Vorgarten, das Denkmal von Moses Mendelssohn, einen Obelisken, auf welchem sich die bronzene Büste des großen Philosophen befindet. Auf dem Steine ist mit goldenen Lettern sein Geburts- und sein Todesjahr verzeichnet. Dies Denkmal ist erst vor kürzerer Zeit errichtet worden, wohl zum hundertsten Geburtstag des Enkels, Felix Mendelssohn, am 3. Februar 1909.

(aus: Agathe Nalli-Rutenberg, Das alte Berlin. Erinnerungen, erschienen im Verlag Continent, Berlin-Friedenau)

Alfred Döblin

(1929)

Franz Biberkopf, stark wie eine Kobraschlange, aber wacklig auf den Beinen, ist aufgestanden und ist nach der Münzstraße zu den Juden gegangen. Er ging nicht direkt hin, er machte einen mächtigen Umweg. Der Mann will mit allem aufräumen. Der Mann will reinen Tisch machen. Da gehen wir wieder, Franze Biberkopf. Trockenes Wetter, kalt, aber frisch, wer möchte jetzt im Hausflur stehen, Straßenhändler sein und sich die Zehen abfrieren. In Ehren treu. Ein Glück, daß man aus der Stube raus ist und das Quieken von die Weiber nicht hört. Hier ist Franze Biberkopf, der geht auf die Straße. Alle Kneipen leer. Warum? Die Penner schlafen noch. Die Wirte können ihre Jauche alleene trinken. Aktienjauche. Wir haben keene Lust dazu. Wir trinken Schnabus.

Franz Biberkopf schob ruhig seinen Leib im graugrünen Soldatenmantel durch die Menschen, kleine Frauen, die an Wagen Gemüse, Käse und Heringe kauften. Bollen wurden ausgerufen.

Die Leute tun, was sie können. Haben Kinder zu Hause, hungrige Mäuler, Vogelschnäbel, klapp auf, klapp zu, klapp auf, klapp zu, auf, zu, auf zu, auf zu.

Franz ging rascher, stampfte um die Ecke. So, freie Luft. Er ging an den großen Schaufenstern ruhiger. Was kosten Stiefel? Lackschuh, Ballschuh, muß tipptopp aussehen, so am Fuß sone Kleene mit Ballschuhe. Der affige Lissarek, der Böhme, der alte Kerl mit den großen Nasenlöchern draußen in Tegel, der ließ sich von seiner Frau, oder was sich dafür ausgab, alle paar Wochen ein Paar schöne seidene Strümpfe bringen, ein Paar neue und ein Paar alte. Ist zum Piepen.

Und wenn sie sie stehlen sollte, er mußte sie haben. Einmal haben sie ihn erwischt, wie er die Strümpfe anhatte auf seine dreckige Beine, sone Nulpe, und kuckt sich nun seine Beine an und geilt sich dran uff und hat rote Ohren, der Kerl, zum Piepen. Möbel auf Teilzahlung, Küchenmöbel in 12 Monatsraten.

Mit Genugtuung wanderte Biberkopf weiter. Er war nur ab und zu genötigt, auf das Trottoir zu blicken. Er prüfte seine Schritte und das schöne, feste, sichere Pflaster. Aber dann glitten seine Blicke im Ruck die Häuserfronten hoch, prüften die Häuserfronten, versicherten sich, daß sie stillstanden und sich nicht regten, trotzdem eigentlich so ein Haus viele Fenster hat und sich leicht vornüber beugen kann. Das kann auf die Dächer übergehen, die Dächer mit sich ziehen; sie können schwanken. Zu schwanken können sie anfangen, zu schaukeln, zu schütteln. Rutschen können die Dächer, wie Sand schräg herunter, wie ein Hut vom Kopf. Sind ja alle, ja alle schräg aufgestellt über den Dachstuhl, die ganze Reihe lang. Aber sie sind angenagelt, starke Balken drunter und dann die Dachpappe, Teer. Fest steht und treu die Wacht, die Wacht am Rhein. Guten Morgen, Herr Biberkopf, wir gehen hier aufrecht, Brust heraus, Rücken steif, alter Junge, die Brunnenstraße lang. Gott erbarmt sich aller Menschen, wir sind deutsche Staatsbürger, wie der Gefängnisdirektor gesagt hat. Einer mit einer Ledermütze, schlaffes weißes Gesicht, kratzte mit dem kleinen Finger ein Furunkelchen an seinem Kinn, dabei hing seine Unterlippe. Einer mit einem großen Rücken und hängendem Hosenboden stand schräg neben ihm, sie versperrten den Weg. Franz ging um sie rum. Der mit der Ledermütze polkte in seinem rechten Ohr.

Er bemerkte zufrieden, daß alle Menschen ruhig die Straße entlangzogen, die Kutscher luden ab, die Behörden kümmerten sich um die Häuser, es braust ein Ruf wie Donnerhall, alsdann können auch wir hier gehen. Eine Plakatsäule an der Ecke, auf gelbem Papier stand mit schwarzen lateinischen Buchstaben: ‚Hast du gelebt am schönen Rhein', ‚Der König der Mittelstürmer'. Fünf Mann standen in einer kleinen Runde auf dem Asphalt, schwangen Hämmer, zerspalteten den Asphalt, den in der grünen Wolljacke kennen wir, bestimmt, der hat Arbeit, das können wir auch machen, später mal, man hält mit der rechten Hand, zieht hoch, greift zu, dann runter, hau. Das sind wir Arbeitsleuheute, das Proletariat. Rechts hoch, links zu, hau. Rechts hoch, links zu, hau. Achtung Baustelle, Stralauer Asphaltgesellschaft.

Er gondelt herum, an der knarrenden Elektrischen entlang, hütet euch vor dem Abspringen während der Fahrt! Warte! Bis der Wagen hält. Der Schupo regelt den Verkehr, ein Postschaffner will noch rasch rüber. Ich habs nicht eilig, ich will man bloß zu die Juden. Die gibt es nachher auch. Solchen Dreck kriegt man an die Stiefeln, aber geputzt sind sie sowieso nicht, denn wer soll sie putzen, etwa die Schmidt, die tut nichts (Spinnweben an der Decke, saures Aufstoßen, er lutschte an seinem Gaumen, drehte den Kopf zu den Scheiben: Gargoyle Mobilöl, Vulkanisieranstalt, Bubikopfpflege, die Wasserwelle auf blauem Grund, Pixavon, veredeltes Teerpräparat). Ob die dicke Lina vielleicht die Stiefel putzen könnte? Da war er im Moment schon in flotteres Tempo gekommen.

Der Betrüger Lüders, der Brief der Frau, ich box dir ein Messer in den Bauch. Ogottogott, Mensch, laß doch das, wir werden uns beherrschen, Lumpenpack, wir vergreifen uns an keinem, wir haben schon mal in Tegel gebrummt. Also: Maßanfertigung, Herrenkonfektion, das zuerst, dann zweitens Karosseriebeschlagen, Automobilzubehör, auch wichtig, für rasches Fahren, aber nicht zu rasch.

Rechtes Bein, linkes Bein, rechtes Bein, linkes Bein, immer langsam voran, drängeln gibts nicht, Fräulein. Bei mir: Schupo beim Auflauf. Was ist das? Eile mit Keile. Huhuhu, huhuhu, die Hähne krähn. Franz war fröhlich, die Gesichter sahen alle netter aus.

Er vertiefte sich mit Freude in die Straße. Es wehte ein kalter Wind, gemischt je nach den Häusern mit warmem Kellerdunst, Obst und Südfrüchten, Benzin. Asphalt im Winter riecht nicht.

Bei den Juden saß Franz eine ganze Stunde auf dem Sofa. Sie sprachen, er sprach, er wunderte sich, sie wunderten sich eine ganze lange Stunde. Worüber er sich wunderte, während er auf dem Sofa saß und sie sprachen und er sprach? Daß er hier saß und sprach und daß sie sprachen, und vor allem wunderte er sich über sich. Warum wunderte er sich über sich? Er wußte und merkte es selbst, er stellte es fest wie ein Registrator einen Rechenfehler. Er stellte etwas fest.

Es war entschieden; über die Entscheidung wunderte er sich, die er in sich vorfand. Diese Entscheidung sagte, während er ihnen ins Gesicht sah, lächelte, fragte, antwortete: Franz Biberkopf, sie können reden, was sie wollen, sie haben Talare, aber sind keine Pastoren, es ist ein Kaftan, sie sind aus Galizien, bei Lemberg sagen sie selbst, sie sind schlau, aber mir machen sie nichts vor. Sondern ich sitze hier auf dem Sofa, und ich werde mit ihnen keine Geschäfte machen. Ich habe getan, was ich tun kann.

Das letzte Mal, daß er hier war, hatte er mit dem einen auf dem Teppich unten gesessen. Hutsch, rutscht man runter, ich möcht es mal versuchen. Aber heute nicht, das sind vergangene Zeiten. Angenagelt sitzen wir auf unsern vier Buchstaben und kucken uns die ollen Juden an.

Der Mensch kann nicht mehr hergeben, man ist keine Maschine. Das 11. Gebot heißt: Laß dir nicht verblüffen. Eine schöne Wohnung haben die Brüder, einfach, geschmacklos, und ohne allen Prunk. Damit stecken sie bei Franzen keine Lichter raus. Franz kann sich beherrschen. Damit ist es vorbei. Zu Bett, zu Bett, wer eine hat, wer keine hat, muß auch zu Bett, zu Bett. Es wird nicht mehr gearbeitet. Der Mensch gibt nicht mehr her. Wenn die Pumpe im Sand steckt, können Sie an det Ding arbeiten, wie Sie wollen. Franz bezieht Ruhegehalt ohne Pension. Wie ist das, dachte er hinterhältig und blickte an der Sofakante lang, Ruhegehalt ohne Pension.

„Und wenn man so Gewalt hat wie Ihr, ein so kräftiger Mensch, soll er seinem Schöpfer danken. Was kann ihm schon passieren. Braucht der zu trinken? Tut er nicht dies, tut er das. Geht zur Markthalle, stellt sich vor die Geschäfte, stellt sich an den Bahnhof: was meint Ihr, was so ein Mensch mir neulich abgenommen hat, wie ich von Landsberg gekommen bin vorige Woche, einen Tag war ich weg, was meint Ihr, nimmt der ab. Rat du mal, Nachum, ein Mensch so groß wie die Tür, ein Goliath, Gott soll mich schützen. Fuffzich Pfennig. Nu ja, fuffzich Pfennig. Habt Ihr gehört, fuffzich Pfennig. Für ein Köfferchen von hier bis zur Ecke. Ich wollte nicht tragen, war Schabbes. Nimmt mir der Mensch fuffzich Pfennig ab. Ich kuckt ihn aber an. Nun, Ihr könnt auch – wißt Ihr, ich weiß was für Euch. Ist da nicht bei Feitel, bei dem Getreidehändler, sag mal, du kennst doch Feitel." – „Feitel nicht, seine Brüder." – „Nu ja, er hat doch Getreide. Wer ist sein Bruder?" – „Feitels Bruder. Dir gesagt." – „Kenn ich alle Leute in Berlin?" – „Feitels Bruder. Ein Mann von einem Einkommen wie..." Er wackelte mit dem Kopf in verzweifelter Bewunderung. Der Rote hob den Arm, duckte den Kopf: „Was du sagst. Aber aus Czernowitz." Sie hatten Franz vergessen. Sie dachten beide intensiv über den Reichtum von Feitels Bruder nach. Der Rote ging aufgeregt herum, stieß ein Röcheln durch die Nase. Der andere schnurrte, strömte Behagen, lächelte hämisch hinter ihm her, knipste mit den Nägeln: „Tja." – „Großartig. Was du sagst." – „Was aus der Familie ist, ist Gold. Gold ist kein Wort. Gold." Der Rote wanderte herum, setzte sich erschüttert ans Fenster. Was draußen vorging, erfüllte ihn mit Mißachtung, zwei Männer wuschen in Hemdsärmeln einen Wagen, einen alten. Dem einen hingen die Hosenträger, sie schleppten zwei Eimer mit Wasser, der Hof floß von Wasser. Mit dem sinnenden, von Gold träumenden

Blick betrachtete er Franz. „Was sagt Ihr nu dazu?“ Was kann der sagen, ist ein armer Mensch, halb verrückt, was versteht so ein Schlucker von dem Geld Feitels aus Czernowitz; er läßt sich nicht die Schuhe wischen von dem. Franz erwiderte seinen Blick.

Guten Morgen, Herr Pastor, immer bimmeln die Elektrischen, wir wissen aber schon, was die Glocke geschlagen hat, kein Mensch gibt mehr her, als er hat. Es wird nicht mehr gearbeitet, und wenn der ganze Schnee verbrennt, wir rühren keinen Finger mehr, wir machen uns steif.

Die Schlange war vom Baum geraschelt. Verflucht sollst du sein mit allem Vieh, auf dem Bauch sollst du kriechen, Staub fressen zeitlebens. Feindschafft soll gesetzt sein zwischen dir und deinem Weibe. Mit Schmerzen sollst du gebären, Eva. Adam, verflucht soll der Erdboden sein um deinetwillen, Dornen und Disteln sollen drauf wachsen, Kraut des Feldes sollst du essen.

Wir arbeiten nicht mehr, es lohnt nicht, und wenn der ganze Schnee verbrennt, wir rühren keinen Finger.

Das war die eiserne Brechstange, die Franz Biberkopf in den Händen hielt, mit der er saß und nachher durch die Türe ging. Sein Mund sagte irgendwas. Zögernd war er hergeschlichen, aus dem Gefängnis in Tegel war er vor Monaten entlassen, die Elektrische war er gefahren, husch die Straßen lang, die Häuser lang, die Dächer rutschten, bei den Juden hatte er gesessen. Er stand auf, gehen wir mal weiter, ich war doch zur Minna gegangen damals, was soll ich hier, gehen wir mal zur Minna, sehen wir uns alles genau an und wie das gewesen ist.

Er schob ab. Vor Minnas Haus strolchte er herum. Mariechen saß auf einem Stein, einem Bein, ganz allein. Was geht mich die an. Er roch an dem Haus herum. Was geht mich die an. Soll die mit ihrem Ollen glücklich werden. Sauerkraut mit Rüben, die haben mich vertrieben, hätte meine Mutter Fleisch gekocht, wär ich bei ihr geblieben. Hier stinken die Katzen auch nicht anders wie woanders. Häseken, verschwinde wie die Wurst im Spinde. Werde ich hier bregenklütrig rumstehen und mir das Haus angucken. Und die ganze Kompanie macht kikeriki.

Kikeriki. Kikeriki. So sprach Menelaos. Und ohne es zu wollen, machte er dem Telemach das Herz so wehmütig, daß ihm die Tränen an den Wangen herabrollten und er den Purpurmantel mit beiden Händen fest vor die Augen drücken mußte.

Indessen wandelte die Fürstin Helena aus ihren Frauengemächern hervor, einer Göttin an Schönheit gleich.

Kikeriki. Es gibt viele Sorten von Hühnern. Wenn man mich aber auf Ehre und Gewissen fragt, welche ich am meisten liebe, so antworte ich frei und unumwunden: Brathühner. Es gehören noch die Fasanen zu den Hühnervögeln, und in Brehms Tierleben wird vermerkt: Das Zwergsumpfhühnchen unterscheidet sich vom Bruchhühnchen abgesehen von seiner geringen Größe dadurch, daß im Frühjahr beide Geschlechter ein annähernd gleiches Kleid tragen. Asienforscher kennen auch das Monial oder Monal, von den Wissenschaftlern Glanzfasan genannt. Von seiner Farbenpracht ist schwer eine Beschreibung zu geben. Seinen Lockruf, ein lang klagendes Pfeifen, hört man im Wald zu allen Stunden des Tages, am häufigsten aber vor Tagesanbruch und gegen Abend.

Jedoch spielt sich das alles sehr entfernt ab zwischen Sikkam und Buthan in Indien, es ist für Berlin eine ziemlich unfruchtbare Bibliotheksweisheit.

(aus: Alfred Döblin, Berlin Alexanderplatz. Die Geschichte von Franz Biberkopf, erschienen im Walter-Verlag, Olten und Freiburg im Breisgau 1967)

Carl Zuckmayer

(1928)

(Personen: Krakauer, Wilhelm Voigt)

Krakauers Kleiderladen in der Grenadierstraße. Dumpfes fensterloses Lokal, mit Kleidungsstücken aller Art vollgestopft. Stufen zur Straße. Gemalte Schilder mit Inschriften: „Kleider machen Leute" – „Elegante Herrenkonfektion, billige Wintermäntel" – „Kostüme und Masken, Verkauf und Verleih" – „Hier werden getragene Kleider zu Höchstpreisen angekauft." Hinterm Ladentisch Krakauer, sagenhafte Ghettogestalt, Wilhelm Voigt bedienend.

KRAKAUER: Kennse haben! Kennse haben!! Ne neie, ne noble, ne extrafeine, se hängt vor de Tier im Straßenstand, da staun sich de Leite und sin geblendet vonneme solchene Glanz.

VOIGT: Ick habse jesehn. Deshalb komm ick ja runter.

KRAKAUER: Sally! Sal-ly! Bring de neie feine Uniform! Die is nobel, mein Herr, die is haltbar, die is auch echt!

VOIGT: Ick brauchse fiern Maskenball.

KRAKAUER: Ihre Sache, mein Herr, Ihre Sache! Bei uns in de Grenadierstraße kennse alles haben, da fragtse keiner wozu. *Sally mit der Uniform.* Da, schaunse sich an, den Glanz, die Nobleß, das Material, das teire Tuch, de seidne Fitterung, den roten Kragen, de blanken Kneppe – isses nich e Wunder? Ihnen gesagt: es isse Wunder. Wenn die Uniform kennt allein spazierengehn, ohne daß einer drinsteckt – ich sag Ihnen, jeder Soldat wirdse grießen, so echt isse!

VOIGT *ist einen Schritt zurückgetreten, starrt fasziniert auf die Uniform. Dann dreht er sich weg, schüttelt den Kopf:* Ick weiß nich – ob ick soll.

KRAKAUER: Se wissen nich? Wer ich Ihnen was sagen: Ich weiß! Ich weiß was für Sie: nehmense was andres! Missense gehn als Hauptmann? Aufn Maskenball, da will man sich amüsieren. Als Hauptmann wernse sich nich amüsieren, da wird ma Se gleich erkennen, wird ma sagen: so sieht e Hauptmann nich aus. Hörense auf mich: – nehmense was Historisches. Da hätt ich de scheensten Sachen.

VOIGT: Wat Historisches kann ick nu gar nich brauchen.

KRAKAUER: Mein Herr; wenn man will'n guten Eindruck machen, is immer besser: was Historisches: E römischer Feldherr, oder e Nürnberger Henker, oder e altertümlicher französischer Louis, hab ich alles auf Lager. Wollense nich? Muß es 'n Offizier sein? Se haben recht, e Offizier hat immer recht. Gehnse als Reitergeneral vom Alten Fritze, das wär was für Ihre Figur! Potsdam is Mode – Potsdam is immer sehr beliebt! War ich am Sonntag hingewesen, in Potsdam, mit mein Sally und mit seine Braut, de Lea. Wollten mer rein ins Schloß, sagt der Goy am Eingang: Se kennen nich rein, da sin Offisiere drin, da störnse, de Herren wollen so was nich sehn. Nebbich, hab ich gesagt, was soll e Jied im Schloß? Hab ich mer de historische Windmühle angesehn, is auch scheen.

VOIGT *interessiert:* In Potsdam sin immer viel Offisiere, nich?

KRAKAUER: Mehr, wie Se ungefrihstickt vertragen kennen. Na, un wie wär's mitn scheenen Pierrot, ich hätt ein in Weiß mit lila Bollen, oder 'n Maharadscha, oder 'n schicken Kaubeu oder 'n Bur mitn Schlapphut?

VOIGT: Nee, nee. Ick nehmse doch. *Nimmt die Uniform vom Bügel.*

KRAKAUER: Gemacht!! Das is e Wort! Recht hamse, Herr Hauptmann! 'n Offisier is doch immer das Scheenste, hab ich recht?

VOIGT: Da sin aber ne Menge Flecken druff, uffn Rock.

KRAKAUER: Flecken? Das sin Schampanjerflecken, riechense mal dran, das kennse noch riechen, so feine Flecken, das sin überhaupt keine Flecken, Sally, hol 'n Päckchen Fleckkugeln nebenan vom Kemnitzer, die kriegt der Herr Hauptmann umsonst zugeliefert.

VOIGT *mustert sachverständig die Uniform:* Uff de eine Achselklappe fehlt ja 'n Stern! Als Hauptmann, da hab ick zwee Sterne, sonst wär's ja 'n Oberleutnant. Un de Gardelitzen sin janz verschabt an Rand.

KRAKAUER: 'n Stern kennse extra haben, un de Litzen lassense sich e bißjen säumen, zu Haus von de Frau Hauptmann oder de junge Töchterlich.

VOIGT: Was soll's denn kosten?

KRAKAUER: Kosten? Das kann ma nich kosten nennen, Herr Hauptmann, das is e Gelegenheit, das is e freidige Iberraschung, das sin überhaupt keine Kosten, für mich sin's Unkosten, für Sie isses e Kapitalsanlage: e Zwanzigmarkstickelchen!

VOIGT *legt die Uniform hin:* Nee.

KRAKAUER. Achtzehn! Siebzehn, Herr Hauptmann, siebzehn is e Wort!

VOIGT. Fuffzehn. Da mißt ick aber noch ne Feldbinde zukriegen, und de Mütze und 'n paar Anschnallsporen. 'n Säbel auch, zum Unterschnallen.

KRAKAUER: Herr Hauptmann! Herr Hauptmann, Se bringen Jammer un Armut iber mein Haus! Redense nich, ich gebse Ihnen fier fuffzehn, weil Sie's sin, aber fiern Säbel und fier de Sporen missense noch drei Mark zulegen, dafier kriegense de Fleckkugeln umsonst und de scheene Pappschachtel und ne Schnur drum, da werden noch Ihre Urenkel de Wäsche drauf trocknen. Wollense nich lieber 'n Helm? Fier zwei Mark kriegense noch 'n Helm, das is kleidsam, das sieht nach was aus.

VOIGT: Nee. Danke. De Mütze tut's auch. 'n Helm rutscht immer. Habense auch 'n grauen Offiziersmantel?

KRAKAUER: Nich vorrätig, kennt ich Ihnen besorgen in einem Tag.

VOIGT: Ich brauch 'n sofort. Ich kann nich länger warten.

KRAKAUER: Dann fragense mal um de Ecke beim Kemnitzer, das is e Geschäftsfreund von mir. Was ich nich hab, hat er, und was er nich hat, hab ich, hammer uns geeinigt und machen zusammen auf zehn Prozent, kriegt keiner e Roches aufn andern. Soll ich 'n Säbel gleich zupacken?

VOIGT: Zeigense mal her, hat er 'n Gardestern?

KRAKAUER: Herr Hauptmann denken an alles. Bitt scheen, Herr Hauptmann: Marke Ia mitn Stern.

VOIGT: Is gut. Mal rasch alles einpacken. Die Fleckkugeln gleich zu.

KRAKAUER *packt mit Sally in gewohnheitsmäßiger Eile ein:* Zu Befehl, Herr Hauptmann: ich legse Ihnen zusammen, Sie brauchense nich aufzebiegeln. Darf ich um Kassa bitten, Herr Hauptmann?

VOIGT: Hier, hamse achtzehn Mark. Verdammt teuer Ihr Geschäft.

KRAKAUER: Danke, Herr Hauptmann, wennse wieder was brauchen. Ich sag Ihnen: Se haben nich gekauft, Se haben geerbt.

VOIGT: So, gebense her. Will gehen.

KRAKAUER *vertritt ihm den Weg:* Herr Hauptmann! 'n Moment, Herr Hauptmann! Wollense nich de Frau Hauptmann was mitbringen fiern Maskenball, e hibsche Larve, 'n seidnen Domino –

VOIGT: Haltense mich nicht auf! – Ich muß in Dienst! *Geht.*

KRAKAUER: Adjeh, Herr Hauptmann, viel Vergnügen, Herr Hauptmann!! – Auch e Hauptmann!!

Dunkel.

(aus: Carl Zuckmayer, Der Hauptmann von Köpenick [15. Szene], erschienen in der S. Fischer Verlag GmbH, Frankfurt/M. 1957)

Adolf Sommerfeld

(um 1920)

Das sogenannte Scheunenviertel, das sich vor etwa dreißig Jahren dort ausbreitete, wo sich heute der Bülowplatz mit dem großen Volkstheater befindet, barg in den engen Gäßchen mit den alten halb zerfallenen und von Ungeziefer wimmelnden Häusern, Scheunen und Lagerplätzen den Auswurf der Berliner Verbrecherwelt.

Die Polizei war trotz jahrzehntelanger Bemühungen und strengster Maßnahmen nicht in der Lage, die Schlupfwinkel und mit ihnen das lichtscheue Gesindel auszurotten. Und so entschloß sich denn der Magistrat von Berlin, das ganze Scheunenviertel mit Ausnahme einiger besserer Straßen wie einen verpesteten Seuchenherd niederzureißen.

Der berüchtigte Stadtteil ist zwar verschwunden, aber in der Nachbarschaft des Bülowplatzes, in den früheren sogenannten besseren Straßen hat sich ein anderes Scheunenviertel entwickelt mit demselben verbrecherischen Gesindel und einer ganz neuen Erscheinung in Großberlin, dem Ghetto der aus Rußland, Polen und Galizien eingewanderten Ostjuden. Hier in der Grenadierstraße, deren Läden mit den hebräischen Aufschriften und den merkwürdigsten Namen das Fremdartige sofort erkennen lassen, herrscht im Sommer ein lebhaftes Treiben wie auf einem öffentlichen Markt in Galizien oder Polen. Im Winter aber ist dieses Ghetto fast geräuschlos, hingegen spielt sich hinter den beschlagenen, selten gereinigten Fenstern der zahlreichen Gastwirtschaften und in den Häusern selbst das Leben oft lärmhaft, stürmisch und häufig genug nicht ungefährlich ab; denn als Parasiten der nicht gewalttätigen Ostjuden hausen hier auch Schwerverbrecher und Dirnen mit ihrem arbeitsscheuen Anhang.

Die Abend- und Nachtbeleuchtung ist nur spärlich. Es scheint, als ob die Stadtväter wüßten, daß die Bewohner dieser Straßen keinen Anspruch auf großstädtische Ausstattung erheben. Oder aber die Behörden haben mehr Wert darauf gelegt, das Treiben des verbrecherischen Gesindels zur Nachtzeit zu überwachen.

Die Straße ist feucht und dunstig. Naßkalter Novemberabend. Die Läden sind bereits geschlossen, denn es ist fast neun Uhr. Aus den Fenstern der Kneipen fällt ein matter Lichtschein auf den Bürgersteig. Die einzigen auf dem schlüpfrigen Gestein glitzernden hellen Flecken des im Nebel dampfenden Ghettos.

Ab und zu kommt eine männliche Gestalt eiligst und fröstelnd aus einem der Wirtshäuser und verschwindet in einem benachbarten Gebäude. Oder ein paar Männer, leise in fremder Mundart sprechend, schlendern gemächlich der Weinmeisterstraße zu.

Außer dem gelegentlichen Zuwerfen der Kneipentüren und dem gleichmäßigen Schritt der beiden Schupoleute, die in jeder Nacht hier ihre Runde machen, ist kein Geräusch vernehmbar und das Ghetto scheint bereits in tiefem Schlaf zu liegen.

In dieser schwarzgrauen Abendstunde schleppt sich der Häuserreihe entlang eine Gestalt, die noch schwärzer aussieht als die Nacht, vorsichtig tastend einen Sack auf dem Rücken und ab und zu mit hochgerecktem Halse nach den Häuserreihen spähend.

Bei der matten Beleuchtung einer Straßenlaterne erkennt man in dem müden Wanderer einen Ostjuden mit langem schwarzem Kaftan, dunklem struppigem Vollbart und den ringelnden Stirnlöckchen unter dem breitrandigen schwarzen Hut.

Vor einem Hause, in dem sich eine Kneipe befindet, bleibt er in gebückter Haltung stehen, mustert den Eingang zur Kellerwohnung, buchstabiert mit Mühe die Aufschrift: Salli Butterfaß, Schneider, schaut dann, indem er mit der rechten freien Hand die Augen beschattet, noch einmal hinauf zur Hausnummer und geht dann zögernd hinein.

„Wer klappt ä so spät?“ ruft eine heisere Frauenstimme, als der Fremde schon mehrfach an ihre Wohnungstür geklopft hatte.

„Laßt mer nur rein“, lispelt mit einschmeichelndem Geflüster der Ostjude, „jich bins selbst, Noa Pufeles aus Krakau, habt ihr nicht gekriegt mei Schreibebrief?!“

„Ä soi!“ klingt es gedehnt hinter der Türe. Ein Rasseln der Sicherheitskette, ein kurzes Schließen, und dem Fremden steht eine Frau in den vierziger Jahren gegenüber, eine Haube auf dem Kopf, mit einer rotkarierten Nachtjacke und einem dunkelfarbigen Rock angetan und eine Kerze in der Hand.

Ohne weitere Begrüßungsworte schiebt sich der Besucher in den Korridor, und während die Frau die Türe wieder schließt, folgt er ihr in die Küche, wo er seinen Sack niederwirft und sich auf einen Stuhl setzt, nachdem die Frau den Leuchter auf den Tisch gestellt hat.

„Eure Briefkart ist heint morgen erst angekommen“, setzt die Frau die begonnene Unterhaltung fort und mustert ihren Gast von oben bis unten mit kritischen Blicken, „aber aus dem Geschreibsel hab ich nischt klug werden gekonnt, wann Ihr wollt' do sein!“

„Gottseidank, jich bin do“, erwiderte mit sichtbarer Erleichterung der Herr Pufeles aus Krakau, und seiner Gastgeberin die schmutzigen Hände entgegenstreckend, fügte er mit wichtiger Miene, die Augenbrauen in die Höhe ziehend und seinen Kopf hin und her wiegend, hinzu: „Wie heißt klug werden?! Meine alte Freundin Rochel Machschewes is klug genug, alle jiddischen Kinder gesagt!“
[...]

In der Gastwirtschaft, die sich im Hause des Herrn Gedalje Chill befand, herrschte Hochbetrieb.

Hinter dem Schanktisch stand der Besitzer Wolf Gabel, in Miene und Haltung einem militärischen Befehlshaber gleichend, und kommandierte und verkaufte mit Würde und Behendigkeit. Die Uniform, die diesem General etwas salopp auf dem Leibe hing, trug noch deutlich die Husarenschnüre einer Morgenjacke aus Kamelhaar. Sonst aber mochte Herr Wolf Gabel, ein kräftiger blonder Mann in den fünfziger Jahren mit hochgezwirbeltem Schnurrbart an einen preußischen Unteroffizier aus der Vorkriegszeit erinnern. Niemand hätte vermutet, daß der Inhaber der Kneipe aus Lemberg stammte und vor etwa 8 Jahren, als er zum ersten Male das spärliche Licht der Grenadierstraße erblickte, mit ebensolchem Kaftan einherging und die gleichen Ringellöckchen trug, wie sein Landsmann Pufeles und die heute europäisch frisierten und angezogenen Gäste seines Lokals zur Zeit ihrer Einwanderung.

Die im Hochparterre gelegenen Räume waren ebenso eng und düster wie die übrigen Baulichkeiten des Hauses. Die ganze Wirtschaft bestand eigentlich nur aus einem mittelgroßen Gastzimmer, zu dem man über dem Treppenaufgang von der Straße aus gelangte. Hieran schloß sich ein schmales Billardzimmer und von dem ersten Raum zweigte sich dicht am Schanktisch ein enger und kurzer Korridor ab, von dem man rechts in die Küche ging. Da dieser Raum also eine gemeinschaftliche Mauer mit der Wand hatte, an der sich das Regal mit den Schnapsflaschen befand, so vermittelte eine Öffnung den Verkehr zwischen dem Gastwirt, der hier seinen dauernden Standort hatte, und der Küche. Am Ende des kleinen Korridors, knapp zwei Meter vom Gastzimmer entfernt, lag der Abort, durch einen schadhaften Glühstrumpf dauernd spärlich beleuchtet und in seiner Beschaffenheit ekelerregend, denn die langgezogenen Flecke an den Wänden protestierten hier in drastischer Weise gegen die Papiernot.

Von der anderen Seite des Schanktisches aus, gegenüber dem Eingang, führte gleichfalls ein schmaler und dunkler Korridor zu einem Raum von wenigen Metern im Geviert und ebenfalls dauernd von einer Gaslampe beleuchtet. Hier saßen des Abends, und auch wohl zu mancher Tageszeit, die Spieler in drangvoller Enge.

Das Personal der Kneipe bestand in einem schwarzhaarigen Kellner mit ehemals weißer Jacke und einem blonden jungen Mann mit schmaler Hakennase, der sich stets zur Verfügung des Chefs hielt und seinen Platz an der Ecke des Schanktisches nur verließ, wenn er die durch die Küchenöffnung verabfolgten Speisen auf die Tische stellte. Der andere jüdische Ganymed, der viel intelligenter aussah, versorgte das Spielzimmer und bildete offenbar eine Art Wachtposten, da er seinen Platz auf dem Korridor, der das verborgene Kämmerchen von dem Gastraum trennte, nur verließ, wenn er Speisen und Getränke vom Schanktisch holen mußte.

An dieser Stelle aber wurde nicht wie in einem anderen Berliner Restaurant gespeist. Es fehlte Tischtuch und Gedeck. Auf dem Schanktisch befand sich entweder ein Rinderbraten oder eine Gans. Das Fleisch wurde beim Rind nach Portionen, bei der Gans nach Achtel- und Viertelstücken verkauft. Dazu eine Scheibe Brot. Nur selten ließ sich ein kultivierter Gast Messer und Gabel reichen, die anderen bemühten sich im Umhergehen oder Stehen Fleisch und Brot aus den Händen möglichst schnell zu verschlingen. Ferner stand eine Platte auf dem Schanktisch, die Schnitten mit Gänseschmalz bestrichen oder noch mit Fleisch belegt enthielt. Wer Appetit verspürte, sich das wohlschmeckende Gericht einzuverleiben, griff herzhaft zu und langte sich die begehrte Anzahl Schnitten heraus. Die Gäste schienen besonders vertrauenswürdig zu sein, denn niemand bezahlte gleich, was er verzehrte, auch wurde nichts angeschrieben. Erst beim Fortgehen beglich jeder die Rechnung nach seinen eigenen Angaben.

Als Getränk wurde vorwiegend Tee mit einer Zitronenscheibe verabfolgt und kochend heiß getrunken. Der Verbrauch von Bier und Schnaps war gering, aber trotzdem erinnerte ein Vierundneunziger, also fast reiner Alkohol, der vielleicht in Großberlin nur an dieser Stelle zu haben war, an die russische oder polnische Heimat.

Die warmen Speisen, die hier verabfolgt wurden, zeichneten sich durch die Größe der Portionen aus. Nächst Gans, Rind und Klops waren es die besonderen jüdischen oder polnischen Gerichte, die bei diesen Gästen eine freundliche Aufnahme fanden, wie mit Mehl gefüllte Därme oder mit Blutgerinsel und Semmeln gefüllte Milz. Alles schmackhaft und pikant, mit Beigabe von Kartoffeln und sauren Gurken. Die Kostenfrage spielte keine Rolle. Es gab weder Speisekarten noch bat ein Gast um vorherige Angabe des Preises. Eine schwarze Tafel an der Wand, die, mit Kreide geschrieben, in deutscher Sprache die Tagesgerichte nebst den Preisen angab, fand wenig Beachtung, da wohl nur ein geringer Teil der Gäste deutsch lesen konnte. Hier und da hing auch ein gedrucktes Plakat in hebräischen Buchstaben.

Was dieser Kneipe ein besonderes Gepräge gab, war nicht nur die Schnelligkeit, mit der die Gäste bedient wurden – eine fast militärische Disziplin –, sondern vor allem die Unruhe, die hier herrschte. Die wenigen Tische waren besetzt und der größte Teil der Besucher lief fast ständig hin und her, den Hut natürlich auf dem Kopf, denn niemand fiel es ein, die Bedeckung abzunehmen. Alles sprach, schrie und gestikulierte. Und aus dem verborgenen Spielzimmer drang näselndes Gesinge herüber.

(aus: Adolf Sommerfeld, Das Ghetto von Berlin. Aus dem Scheunenviertel, erschienen im Continent Verlag, Berlin-Friedenau 1932)

Martin Beradt

(1927)

Ephraim, genannt Frajim, hatte schon früh eine unbeherrschte Unterlippe; sie war väterliches und mütterliches Erbteil zugleich. Seine Mutter fürchtete, die Lippe verriete die späteren Begierden, und hätte viel für die Macht gegeben, diese Form des Mundes zurückzunehmen. Zum Teil glich die Nase den Makel aus, zum Teil die Stirn: der Mund verriet die gröberen Instinkte, die Nase aber war edel, die Stirne klug. Frajim Feingolds Vater berief sich auf sie, wenn er dem Sohne eine große Zukunft weissagte. Doch die Unruhe der Mutter blieb: Sinnlichkeit, das wußte sie, verliert sich erst im Alter, Vornehmheit schon früh, und Klugheit – nun, es kommt auf die Art an, in der sie sich zeigt; ihr waren kluge Männer bekannt, denen war es übel genug ergangen im Leben, und gestorben waren sie im tiefsten Elend.

In jedem Fall erkannten Ephraims Eltern ihre Aufgabe, den Sohn zu einem großen Mann zu machen. Die Voraussetzungen für seine Laufbahn, natürlich als Kaufmann, waren erst zu schaffen. Sie waren in Piaseczno nicht vorhanden, aber vielleicht in Warschau, vielleicht in Lodz.

Sie entschieden sich nicht für die eine, nicht für die andere Stadt, sie entschieden sich überhaupt nicht für den Osten, ihre Entscheidung fiel für Berlin; Deutschland stand in ihren Augen hoch, vor allem stand Polen in ihren Augen sehr viel tiefer. In Deutschland konnten Juden um das Jahr 1927 in jedes Amt gelangen, konnten vor allem als Kaufleute sich frei entfalten. In Polen wurden einige Juden höhere Beamte, Lokomotivführer aber, Schaffner und Briefträger durften sie nicht werden; sie drängten in diese unteren Stellen, aber man ließ sie nicht hinein. Man sah lieber zwei bis drei Millionen Juden ersticken in unsäglich bescheidenen Handwerken, in einem Handel, der eine Karikatur seiner selbst war. Sechs Juden rissen einem Verkäufer die alte Hose aus der Hand; hinterher machte sie den Weg durch alle sechs Läden – ach, das waren keine Läden, es waren Verschläge und Regale.

Auch anderen ging es in Polen schlecht, die Bauern bekamen ruinöse Preise, so mancher Gutsbesitzer war bloß ein armer Teufel, aber die jüdische Not war doch die größte. Es gab wohlhabende Juden, gewiß, aber was wollte das besagen? Man brauchte bloß in Warschau über eine Seitenstraße des Nalewki zu gehen oder der Franziskanka, über den Nowo Woluwkie, in Wilna durch die Rameiles-, durch die Jatkewergasse, so wurde die Lage einem klar – man durchwanderte einen Pferch, ein Gewühl des Irrsinns: Straßen, Höfe, Häuser wimmelten von Juden, barsten von Juden, platzten von Juden, alles Ärmste der Armen, ein verelendetes Geschlecht, in Gefahr, am nächsten Tage zu verkommen; ein Schritt und man trat ein Kind nieder oder einen Vater, der beschäftigungslos umherstand, die Hand im langen Bart, die Gedanken bei Gott oder bei einem Geschäft mit entfernt winkendem Verdienst von zwei, im besten Falle vier Groschen. Nein, Frajims Eltern hätten sich schon deshalb für Berlin entscheiden dürfen, weil es in Deutschland lag. Zwar hatte in Deutschland schon damals eine Partei gegen die Juden Drohungen ausgestoßen, aber nie, so glaubten selbst die deutschen Juden, würde sie die Übermacht gewinnen, viel weniger je ihre Drohungen wahrmachen.

Frajims Eltern entschieden sich für Berlin noch aus einem zweiten Grund. In Piaseczno erzählte man sich sagenhafte Dinge von New York, man sprach geradezu von einem Paradies des Reichtums, und Berlin lag auf halbem Weg dorthin.

Zwei Jahre fasten, und das Reisegeld für Frajim war erspart. Er bekam einige Mark dazu als Zehrgeld – dann würde er selbst weiter zu sehen haben. Niemand verkam, auch dann nicht, wenn ihm die Mittel ausgingen; kurze Zeit sorgten die jüdischen Gemeinden für den Zugewanderten; erst wenn er auch dann sich nicht ernährte, wurde er über die Grenze abgeschoben. Er kam im schlimmsten Fall dort wieder an, von wo er ausgezogen war, da war noch immer nichts verloren – allerdings, die Schande ersparte er besser seinen Eltern und sich selbst.

Wirklich traf Frajim Feingold zu Beginn des Herbstes 1927, an einem wenig schönen Tag, in der deutschen Hauptstadt ein. Er kam unmittelbar aus einer Judengasse in Piaseczno und wußte genau, in welche Gasse er hier zu gehen hatte; es gab nur eine. In Amsterdam gibt es ein Viertel für Ostjuden, in New York füllen sie ganze Stadtteile, in London lange Straßenzüge. Hier, in einer Stadt von vier Millionen Einwohnern, einer der größten und bedeutendsten der Welt, waren so ausgeprägt nur wenige Gassen; die wichtigste betrat er. Dreitausend Menschen hatte sie bisher beherbergt, jetzt sollte es einer mehr sein.

Frajim sah ängstlich unter seinem Plüschhut hervor und hoffte zaghaft auf sein Glück. Es war frühe Menschenkenntnis, daß er Frau Warszawski zur Quartierfrau wählte, er hätte keine bessere finden können. Schon den sechsten Monat hielt sie ihn jetzt durch, schon den sechsten Monat beherbergte und beköstigte sie ihn umsonst. Denn so lange schon war Feingold ohne Verdienst, so lange gab es keine Stellung für einen jungen Mann, der in jeder Stellung etwas Außerordentliches hätte leisten wollen. Dabei ergab sich Feingold nicht etwa dem Müßiggang. Er nahm Dienste bei Frau Peissachowitsch, einer Geflügelhändlerin, einer ungeheuer beleibten und zänkischen Person. Er tat das Äußerste, er tat die schmutzigste Arbeit, aber selbst bei aller Bereitwilligkeit behauptete er sich nicht; ihr früherer Austräger war nur krank gewesen, sie stellte ihn wieder ein.

Frau Warszawski brachte ihn zu Schaum. Schaum war hochmütig; wahrscheinlich stieg er in seinen eignen Augen noch durch einen ungeheuerlichen Buckel auf dem Rücken und einen bescheidnen auf der Brust. Ein steifes Bein hinderte ihn, die alten Kleider, die er kaufte, sogleich nach Haus zu schaffen; die anderen Händler schleppten ganze Berge heim, aus Furcht, man könne sie nachträglich vertauschen. Feingold holte die von Schaum gekauften Kleider ab, Feingold trug sie geduldig heim, Feingold wurde krumm und schief, ein treuer Diener seines leicht verbauten und etwas unheimlichen Herrn. Aber kaum hatte er sich eingearbeitet, da wurde er entlassen, das Geschäft sei schlecht. Schlecht, das war es, aber Schaum stellte ihn auch nicht wieder ein, als es sich belebte. Feingold war durch Schaum in viele Häuser gekommen, Feingold hatte viele Teile der Stadt betreten und die Stadt war so groß wie eine polnische Wojewodschaft – die Kammer, in die man ihn stieß, die Einsamkeit, zu der man ihn zwang, machten ihn schwermütig, er vermochte kaum zu atmen. Frau Warszawski fühlte es, sie beschwor Schaum: „Haben Sie denn kein Gewissen? Wollen Sie einen jungen Menschen ruinieren?" Aber Schaum, so sehr er ihr ergeben, Schaum blieb hart, machte Redensarten und lehnte ab.

Nur um Gotteswillen nicht zurück nach Piaseczno! dachte Frajim unablässig, Tag und Nacht. Dennoch war er ohne Furcht. Zwar übersah er sein neues Leben noch nicht ganz, aber er fühlte eines: Frau Warszawski brachte sich eher um, als daß sie ihn zurückfallen ließ in sein polnisches Elend. Diese Gewißheit machte ihn leichtsinnig in einer Stellung, die er wieder durch sie bekam, durch niemand sonst. Herr Lewkowitz war ein angesehener Mann und handelte mit Lumpen. Hier, in dieser Gasse war das Kontor, nebenan in einer Nachbargasse das Lager; dort wurde auch sortiert. Es sortierten augenblicklich sieben Mädchen, ein achtes sortierte nach, aber Herr Lewkowitz hatte schon fünfundzwanzig beschäftigt: der Lumpenhandel ging zurück, kein Zweifel, leider.

Lewkowitz nahm Feingold ungern, er zog einen späteren Konkurrenten in ihm groß. Um selbständig zu werden, was brauchte man da? Etwas Warenkenntnis, ein wenig Kapital. Das Kapital bekam man leicht geliehen, und Warenkenntnis – er wußte nicht, ob Feingold sehr viel Zeit brauchte, sie zu erwerben. Schließlich entschied er sich für ihn. Frau Warszawski hatte sich in seiner Familie in jeder Not bewährt und einem armen Juden Brot zu geben, war ein frommes Werk. Aber er hatte ihn noch keine Woche bei sich, da lief ihm Frajim fort. Frajim hätte sich bei ihm über vieles unterrichten können, Lewkowitz sortierte Lumpen für alle Arten Kunstwolle, für Shoddy-, Mungo-, Tibet-, Extraktwolle. Aber die christlichen Sortiererinnen mochten den zugereisten kleinen Juden nicht, bei uns ist es gefährlich, sagten sie. Er erfuhr von Milzbrand, von typhoser Erkrankung, einem Mädchen waren die Haare ausgegangen; Lewkowitz bestritt das alles, aber er bestritt es lau. Eines Tages spürte Feingold Gase aus den Lumpen steigen, da hielt ihn nichts. Das war feige, natürlich, aber er war jung, er hatte noch eine große Vorstellung von seinen Möglichkeiten. Lumpen – der Gegenstand allein stieß ihn ab.

(aus: Martin Beradt, Die Straße der kleinen Ewigkeit. Roman, erschienen im Verlag Heinrich Scheffler, Frankfurt/Main 1965)

Arnold Zweig

(1913)

...Der Jude ist *Stadtmensch*, nicht von Geburt, aber historisch erzwungen; ja er ist, aus jenem rührenden und tiefen Drange heraus, irgendwie eine breite Gemeinschaft zu haben, mit vielen seiner Art zusammenzusein, der *Mensch der Großstadt*. Die Großstadt wird ihm zum Surrogat für die verlorene Gemeinschaft des Volkes im eigenen Staat. Niemand aber ist so preisgegeben an die Kultur als der, dem statt Gras Asphalt die Wege bezeichnet, und dessen Horizont von Häusern umgürtet ist statt von Bäumen und der weithin schwingenden Ebene. Das Leben, das er erfährt, ist das Leben, gesiebt durch die Kultur; er erwächst unter der stets wechselnden Bestrahlung der verschiedensten „Bildung" – und man müßte Wunder sehen, wenn die Juden heute andere Dichter hätten, als sie haben...

(aus: Arnold Zweig, Zum Problem des jüdischen Dichters in Deutschland, erschienen in: Die Freistatt (1. Jg., Nr. 5, 22.8.1913, Berlin Steglitz)

Eike Geisel

(1981)

War Paris die Metropole Europas, so Berlin dessen Mietskaserne. Die Geschichte des Scheunenviertels hinter dem Alexanderplatz wäre rasch erzählt, ginge sie in jenem Vergleich restlos auf, hätte es nicht die Ostjuden gegeben. Wir würden in einem durchschnittlichen Kapitel über die Gestehungskosten der Moderne blättern und von der Entwicklung eines Stadtviertels vom Vorhof zum Hinterhof berichten.

Weder die ostjüdischen Flüchtlinge noch die gemischte Gesellschaft, die sie dort vorfanden, hatten im Scheunenviertel freiwillig Quartier bezogen, welches man in der nämlichen Umgebung gut zweihundertfünfzig Jahre zuvor noch selbst aufschlagen konnte. Rund um die vor die Stadttore verlegten Scheunen, Ställe und Lagerschuppen, welche dem Viertel den Namen und bis weit in die Gegenwart manchen Straßen und Gassen, in deren Höfen Vieh gehalten wurde, das schäbige Aussehen eines überlebten Dorfes verliehen haben, zwängten sich seit Beginn des 19. Jahrhunderts jene noch halbbäuerlichen Massen zusammen, wie man sie überall in den Vorhöfen der Industrialisierung antraf. Meist mit roher Gewalt vom Land vertrieben und durch Runkelrüben ersetzt, sammelte sich im Scheunenviertel eine amorphe und gesichtslose Masse von Existenzen an, bis nach Jahrzehnten der stumme Zwang der ökonomischen Verhältnisse aus ihnen das disziplinierte Heer williger und gehorsamer Industriearbeiter geformt hatte. In diesem habituellen Abrichtungsprozeß spielte das Scheunenviertel die Rolle des Vorhofs und der Vorschule, unterstützt vom nahegelegenen Militär. Die Straßennamen sind deshalb auch Programm: Artilleriestraße, Grenadierstraße, Dragonerstraße.

Wer die Einübung auf die modernen Produktionsverhältnisse überlebt hatte, war reif für den Großbetrieb und den Umzug in die Mietskaserne; der Ausschuß jedoch nistete sich in die Schlupfwinkel des Quartiers ein und sorgte schon früh dafür, daß Scheunenviertel synonym gebraucht wurde für Elend, Anrüchigkeit und Verbrechen...

Wenige Jahre vor dem Ersten Weltkrieg sucht ein französischer Autor nach dem Berliner Whitechapel, nach Räuberhöhlen wie auf dem Montmartre, nach feuchten und dreckigen Elendsvierteln wie in Rom oder in St. Petersburg. Der Polizeipräsident nennt ihm schließlich eine Gegend, in welcher seit 1906 abgerissen wird: das Scheunenviertel. „So begab ich mich denn", beschließt Jules Huret seine Streifzüge durch die Viertel des gesellschaftlichen Abhubs, „hinter den Alexanderplatz in der Umgebung der Grenadierstraße auf die Suche und fand einige schon halb zerfallene Häuser vor. Wohl gewahrte ich hier und da eine Gruppe junger Zuhälter, reichlich verdächtige Gestalten, aber ohne jenes aufdringliche und liederliche Gebaren, das die unsrigen kennzeichnet. Ich gewann auf meiner Forschungsreise nur einen blassen Eindruck und sah nicht einen typischen Zug von deutscher Verkommenheit." Er hat ihn woanders gefunden, diesen typischen Zug: den Antisemitismus; nicht unter ehrlosen Ganoven, sondern unter ehrbaren Bürgern, nicht unter den Zersetzern, sondern unter den Stützen der wilhelminischen Ordnung, nicht im Milieu, sondern in der gehobenen Unterwelt aus Militärs, Akademikern und Beamten. Zwar wurde 1906/07 der desolate Kern des Viertels abgerissen, der auf alten Stadtplänen deutlich als Geviert von Scheunengassen sich abzeichnet, aber dieser halbherzige Versuch kam schon mit einem großspurigen Bau, der Volksbühne, zu Ende und konnte den fortschreitenden Verfall rund um den Babelsberger Platz, wie das freigehauene Dreieck hieß, das mit seiner Spitze auf dem nördlichen Ende der damals verlängerten Kaiser-Wilhelm-Straße stand, nicht aufhalten. Dem Platz gab man verschiedene Namen, aus Babelsberger Platz wurde Bülowplatz, dann Horst-Wessel-Platz, schließlich, als wollte man ihr im Nachhinein noch etwas antun, Rosa-Luxemburg-Platz; doch die Gegend behielt das nämliche Gesicht, die Heraufkunft jeder vorgeblichen neuen Zeit sah das gleiche heruntergekommene Viertel. Einen letzten Vorstoß zur Neugestaltung machte Ende der zwanziger Jahre der Architekt Hans Poelzig, dessen metropolisähnlicher Entwurf aber nur in einer Handvoll Wohn- und Geschäftshäuser im Stil der Neuen Sachlichkeit realisiert wurde. Sie verbreiteten, steinerne Repräsentanten der Angestelltenkultur im Vergleich zum halbproletarischen Umfeld, aber doch nur die alte Öde. Was davon nach dem Krieg, der Fortsetzung der Sanierung mit anderen Mitteln, übriggeblieben ist, hat sich mimetisch der auskunftsarmen Unansehnlichkeit hinter dem Alexanderplatz angenähert. Nur das Kino, in dessen Nähe im Sommer 1931 die beiden uniformierten Polizeihauptleute Anlauf und Lenk erschossen wurden, die im Viertel nur als „Schweinebacke" und „Totenkopf" bekannt waren, verspricht trotzig bis heute unter dem Namen „Babylon" exotische Träume. Warum ein Stadtviertel zum Slum wird, ist kein Geheimnis mehr; jedes Kind ist heute so klug wie vordem ein gerissener Spekulant: In den zerbröckelnden Fassaden befestigt sich die Renditehoffnung des Eigentümers, die unheizbar gewordenen Wohnungen sind wie Feuer unter den Bodenpreisen.

Das rapide Wachstum der Berliner Bevölkerung um die Jahrhundertwende bei gleichzeitiger Entvölkerung der Innenstadt, die zur City wurde, drängte die Bewohner in den Randbezirken zusammen und die Grundstückspreise im Zentrum in die Höhe. Zentral gelegene Wohnquartiere wie das Scheunenviertel verfielen deshalb immer mehr. Sie wurden zum Alptraum der Bewohner wie zum Traum der Spekulanten, der für die letzteren in der Inflation jäh, aber nur kurz unterbrochen wurde, um heute endgültig ausgeträumt zu sein. Durch solche Hoffnungen macht eine Mauer nun einen Strich. Daß die Eigner von Grund und Boden mit zukunftsträchtiger Rendite nicht nur magisch den Auftrieb der Grundstückspreise verfolgt und untätig auf das große Geld gewartet haben, das nach der Sanierung winkte, sondern schon durch das Eintreiben des Kleingelds auf ihre Kosten gekommen sind, wird belegt durch die Belegung des Viertels: nirgendwo ist die Wohndichte so hoch wie hier.

Dem Elendsquartier neben einem der belebtesten Plätze der City widmet das Statistische Amt der Stadt Berlin deshalb 1929 auch einen besonders aufmerksamen Bericht mit dem Titel: „Die Siedlungs-, Wohnungs- und Bevölkerungsverhältnisse in der Dragoner-, Grenadier-, Linien-, Rücker- und Mulackstraße“ Das sind nicht alle Straßen des Quartiers, aber genug, daß an ihnen dessen Charakter und die Befürchtungen der Verwaltung demonstriert werden könnten: die Wohndichte ist fünfmal höher als in der ganzen Stadt, die hygienischen Verhältnisse sind katastrophal, weil weniger als die Hälfte aller Wohnungen über eine eigene Toilette verfügt. „Man kann einen Menschen mit einer Wohnung gerade so gut töten wie mit einer Axt“ war das Motto, welches ein sozialdemokratischer Abgeordneter schon 1908 einer Untersuchung über „Großstädtisches Wohnungselend“ vorangestellt hatte. Wenn einer im Scheunenviertel daran nicht starb, dann besaß er, befürchteten die Behörden, gerade noch die Energie, sich auf schmutzige Weise wieder zu holen, was ihm dreckige Verhältnisse versagt hätten, mit einem Wort, hier hauste nun, wonach jener französische Reiseschriftsteller zwanzig Jahre zuvor vergeblich gesucht hatte: die Verkommenheit.

So sähe die Skizze des Viertels ohne die Ostjuden aus; sie wäre ein Rückblick auf die unrühmlichen, aber banalen Reibungsverluste fortschreitender Geschichte. In den kodifizierten Geschichtsbüchern, hier wie dort, kommen die Ostjuden nicht vor; die offiziöse „Geschichte der deutschen

Arbeiterbewegung“ kennt den Bülowplatz wegen der dort befindlichen Parteizentrale der KPD, aber nicht die Ostjuden. Als anachronistisches Kuriosum, als exotisches Beiwerk, als skurrile Ausläufer eines überwundenen Zustands dürfen sie in Autobiographien erscheinen, immerhin. „Vom Ghetto in die Welt“ heißt es da, und gemeint ist ein Aufstieg. Wohin? Wo die Ostjuden die Rolle belletristischer Rosinen im trockenen historischen Kuchen spielen, den man unverdrossen weiter kaut, da ist die Frage entschieden.

Und im Westen? Auch nicht Neues. Der gewissenhaften Vernichtung der Juden folgte die ebenso betriebsame Eingemeindung der Ausgestoßenen, in „Wochen der Brüderlichkeit“ und Festschriften. Kaum eine Stadt, die nicht auf einmal „ihrer“ Juden durch einen eigens bestallten Historiker gedächte. Der Verlust, den niemand bemerkt hat, soll plötzlich außerordentlich gewesen sein, das ist der Tenor in der Aufzählung großer Juden. Der geschäftige Philosemitismus gleicht darin seiner mörderischen Kehrseite: die Juden, nichts als Großkaufleute, Bankiers und Intellektuelle. Da ist für die Masse der Namenlosen kein Platz, auch nicht für die Ostjuden; wer nur dürftig gelebt hat, soll nicht den besänftigenden Gedanken stören, das Verbrechen des Judenmordes sei deshalb grauenhaft, weil es die Verdienstvollen getroffen habe. Andererseits soll es keinen Unterschied geben, den die Formel „jüdische Mitbürger“ gerade als Anbiederung wieder postuliert. Da ist für die wirklich Verschiedenen erst recht kein Raum...

Ihr Zentrum hat die ostjüdische Einwanderung in der Straße, die, fast vertraut wie in Kolomea oder Przemysl, alles beherbergt, dessen der aus dem Stetl in die Stadt verschlagene Ostjude bedarf, damit die ersten Härten der Fremdheit gemildert würden, in der Grenadierstraße. Auf beiden Seiten der Straße eine Vielzahl von Geschäften, in Kellern und Läden, Bäckereien, Schustereien, mehrere Buchhandlungen, Schlächtereien, Schneidereien, christliches wie jüdisches Kleinhandwerk, eine zweifelhafte

Damenkneipe, koschere Speisestuben, Friseure; Absteigen, die sich als Hotels für Durchreisende und Neuankömmlinge präsentieren, Lebensmittelgeschäfte und schließlich ein ambulanter Straßenhandel mit Obst und Gemüse, wie man ihn in vielen Gassen und Straßen des Viertels ohne jüdische Atmosphäre längst kannte. Doch diese Straße, in der Zuckmayer den Schuster Wilhelm Voigt beim jüdischen Kleidertrödler Kracauer die zum „Hauptmann von Köpenick" notwendigen Voraussetzungen erstehen läßt, gewinnt erst dadurch ihren unverwechselbar ostjüdischen Charakter, daß neben dem Gewerbe das Gebet, neben dem Laden die Lehre zum Alltag zählen.

(aus: Eike Geisel, Im Scheunenviertel, erschienen bei Severin und Siedler, Berlin 1981)

Joseph Roth

(1927)

1

Kein Ostjude geht freiwillig nach Berlin. Wer in aller Welt kommt freiwillig nach Berlin?

Berlin ist eine Durchgangsstation, in der man aus zwingenden Gründen länger verweilt. Berlin hat kein Getto. Es hat ein jüdisches Viertel. Hierher kommen die Emigranten, die über Hamburg und Amsterdam nach Amerika wollen. Hier bleiben sie oft stecken. Sie haben nicht genug Geld. Oder ihre Papiere sind nicht in Ordnung. (Freilich: Die Papiere! Ein halbes jüdisches Leben verstreicht in zwecklosem Kampf gegen „Papiere".)

Die Ostjuden, die nach Berlin kommen, haben oft ein Durchreisevisum, das sie berechtigt, zwei bis drei Tage in Deutschland zu bleiben. Es sind schon manche, die nur ein Durchreisevisum hatten, zwei bis drei Jahre in Berlin geblieben.

Von den alteingesessenen Berliner Ostjuden sind die meisten noch vor dem Kriege gekommen. Verwandte sind ihnen nachgereist. Flüchtlinge aus den okkupierten Gebieten kamen nach Berlin. Juden, die in Rußland, in der Ukraine, in Polen, in Litauen der deutschen Okkupationsarmee Dienste geleistet hatten, mußten mit der deutschen Armee nach Deutschland.

Es gibt auch ostjüdische Verbrecher in Berlin. Taschendiebe, Heiratsschwindler, Betrüger, Banknotenfälscher, Inflationsschieber. Fast keine Einbrecher. Keine Mörder, keine Raubmörder.

Vom Kampf um die Papiere, gegen die Papiere ist ein

Ostjude nur dann befreit, wenn er den Kampf gegen die Gesellschaft mit verbrecherischen Mitteln führt. Der ostjüdische Verbrecher ist meist schon in seiner Heimat Verbrecher gewesen. Er kommt nach Deutschland ohne Papiere oder mit falschen. Er meldet sich nicht bei der Polizei.

Nur der ehrliche Ostjude – er ist nicht nur ehrlich, sondern auch furchtsam – meldet sich bei der Polizei. Das ist in Preußen weit schwieriger als in Österreich. Die Berliner Kriminalpolizei hat die Eigenschaft, in den Häusern nachzukontrollieren. Sie prüft auch auf der Straße Papiere. In der Inflation geschah es häufig.

Der Handel mit alten Kleidern ist nicht verboten, aber er ist auch nicht geduldet. Wer keinen Gewerbeschein besitzt, darf meine alte Hose nicht kaufen. Er darf sie auch nicht verkaufen.

Dennoch kauft er sie. Er verkauft sie auch. Er steht in der Joachimsthaler Straße oder Ecke Joachimsthaler Straße und Kurfürstendamm und tut so, als täte er gar nichts. Er muß den Passanten ansehen, ob sie erstens alte Kleider zu verkaufen haben und zweitens, ob sie Geld gebrauchen.

Die gekauften Kleider verkauft man am nächsten Morgen an der Kleiderbörse.

Auch unter den Hausierern gibt es Rangunterschiede. Es gibt reiche, mächtige Hausierer, zu denen die kleinen sehr demütig aufblicken. Je reicher ein Hausierer ist, desto mehr verdient er. Er geht nicht auf die Straße. Er hat es nicht nötig. Ja, ich weiß nicht einmal, ob ich ihn wirklich „Hausierer" nennen darf. Eigentlich hat er einen Laden mit alten Kleidern und einen Gewerbeschein. Und wenn es nicht sein eigener Gewerbeschein ist, so ist es der eines Eingesessenen, eines Berliner Bürgers, der nichts vom Kleiderhandel versteht, aber prozentual am Geschäft beteiligt ist.

In der Kleiderbörse versammeln sich am Vormittag die Ladeninhaber und die Hausierer. Diese bringen den Ertrag des vergangenen Tages, alle alten Röcke und Kleider. Im Frühling ist Hausse in Sommer- und Sportanzügen. Im

Herbst ist Hausse in Cutaways, Smokings und gestreiften Hosen. Wer im Herbst mit Sommer- und Leinenanzügen kommt, versteht das Geschäft nicht.

Die Kleider, die der Hausierer den Passanten für ein lächerliches Geld abgekauft hat, verkauft er mit einem lächerlich geringen Aufschlag an den Ladeninhaber. Dieser läßt die Kleider bügeln, „auffrischen", richten. Dann hängt er sie vor sein Ladenschild und läßt sie flattern im Wind.

Wer alte Kleider gut zu verkaufen versteht, wird bald neue Kleider kaufen können. Er wird ein Magazin eröffnen, statt eines Ladens. Er wird einmal Warenhausbesitzer werden.

In Berlin kann auch ein Hausierer Karriere machen. Er wird sich schneller assimilieren, als seine Standesgenossen in Wien. Berlin gleicht die Verschiedenen aus und ertötet Eigenheiten. Deshalb gibt es kein großes Berliner Getto.

Es gibt nur ein paar kleine Judenstraßen, in der Nähe Warschauer Brücke und im Scheunenviertel. Die jüdischste aller Berliner Straßen ist die traurige Hirtenstraße.

2

So traurig ist keine Straße dieser Welt. Die Hirtenstraße hat nicht einmal die hoffnungslose Freudigkeit eines vegetativen Schmutzes.

Die Hirtenstraße ist eine Berliner Straße, gemildert durch ostjüdische Einwohner, aber nicht verändert. Keine Straßenbahn durchfährt sie. Kein Autobus. Selten ein Automobil. Immer Lastwagen, Karren, die Plebejer unter den Fahrzeugen. Kleine Gasthäuser stecken in den Mauern. Man geht auf Stufen zu ihnen empor. Auf schmalen, unsauberen, ausgetretenen Stufen. Sie gleichen dem Negativ ausgetretener Absätze. In offenen Hausfluren liegt Unrat. Auch gesammelter, eingekaufter Unrat. Unrat als Handelsobjekt. Altes Zeitungspapier. Zerrissene Strümpfe. Alleinstehende Sohlen. Schnürsenkel. Schürzenbänder. Die Hirtenstraße ist langweilig vororthaft. Sie hat nicht den Charakter einer Kleinstadtstraße. Sie ist neu, billig, schon verbraucht, Schundware. Eine Gasse aus einem Warenhaus. Aus einem billigen Warenhaus. Sie hat einige blinde Schaufenster. Jüdisches Gebäck, Mohnbeugel, Semmeln, schwarze Brote liegen in den Schaufenstern. Ein Ölkännchen, Fliegenpapier, schwitzendes.

Außerdem gibt es da jüdische Talmudschulen und Bethäuser. Man sieht hebräische Buchstaben. Sie stehen fremd an diesen Mauern. Man sieht hinter halbblinden Fenstern Bücherrücken.

Man sieht Juden mit dem Talles unterm Arm. Sie gehen aus dem Bethaus Geschäften entgegen. Man sieht kranke Kinder, alte Frauen.

Der Versuch, diese Berliner langweilige, so gut wie möglich saubergehaltene Straße in ein Getto umzuwandeln, ist immer wieder stark. Immer wieder ist Berlin stärker. Die Einwohner kämpfen einen vergeblichen Kampf. Sie wollen sich breitmachen? Berlin drückt sie zusammen.

3

Ich trete in eine der kleinen Schankwirtschaften. Im Hinterzimmer sitzen ein paar Gäste und warten auf das Mittagessen. Sie tragen die Hüte auf dem Kopf. Die Wirtin steht zwischen Küche und Gaststube. Hinter dem Ladentisch steht der Mann. Er hat einen Bart aus rotem Zwirn. Er ist furchtsam.

Wie sollte er nicht furchtsam sein? Kommt nicht die Polizei in diesen Laden? War sie nicht schon einige Male da? Der Schankwirt reicht mir auf jeden Fall die Hand. Und auf jeden Fall sagt er: „Oh, das ist ein Gast! Sie sind schon so lange nicht dagewesen?“ Niemals schadet eine herzliche Begrüßung.

Man trinkt das Nationalgetränk der Juden: Met. Das ist der Alkohol, an dem sie sich berauschen können. Sie lieben den schweren, dunkelbraunen Met, er ist süß, herb und kräftig.

4

Manchmal kommt nach Berlin der „Tempel Salomonis“. Diesen Tempel hat ein Herr Frohmann aus Drohobycz getreu nach den genauen Angaben der Bibel hergestellt, aus Fichtenholz und Pappmaché und Goldfarbe. Keineswegs aus Zedernholz und echtem Gold wie der große König Salomo.

Frohmann behauptet, er hätte sieben Jahre an diesem Miniaturtempelchen gebaut. Ich glaube es. Einen Tempel wiederaufzubauen, genau nach den Angaben der Bibel, erfordert ebensoviel Zeit wie Liebe.

Man sieht jeden Vorhang, jeden Vorhof, jede kleinste Turmzacke, jedes heilige Gerät. Der Tempel steht auf einem Tisch im Hinterzimmer einer Schenke. Er riecht nach jüdischen zwiebelgefüllten Fischen. Sehr wenig Besucher kommen. Die Alten kennen den Tempel schon und die Jungen wollen nach Palästina, nicht um Tempel, sondern um Landstraßen zu bauen.

Und Frohmann fährt von einem Getto zum anderen, von Juden zu Juden und zeigt ihnen sein Kunstwerk, Frohmann, der Hüter der Tradition und des einzigen großen architektonischen Werkes, das die Juden jemals geschaffen haben und das sie infolgedessen niemals vergessen werden. Ich glaube, daß Frohmann der Ausdruck dieser Sehnsucht ist, der Sehnsucht eines ganzen Volkes. Ich habe einen alten Juden vor dem Miniaturtempel stehen gesehen. Er glich seinen Brüdern, die an der einzig übriggebliebenen, heiligen Mauer des zerstörten Tempels in Jerusalem stehen, weinen und beten.

5

Das Kabarett fand ich zufällig, während ich an einem hellen Abend durch die dunklen Straßen wanderte, durch die Fensterscheiben kleiner Bethäuser blickte, die nichts anderes waren, als simple Verkaufsläden bei Tag und Gotteshäuser des Morgens und des Abends. So nahe sind den Juden des Ostens Erwerb und Himmel; sie brauchen für ihren Gottesdienst nichts als zehn Erwachsene, das heißt über dreizehn Jahre alte Glaubensgenossen, einen Vorbeter und die Kenntnis der geographischen Lage, um zu wissen, wo Osten ist, der *Misrach*, die Gegend des Heiligen Landes, der Orient, aus dem das Licht kommen soll.

In dieser Gegend wird alles improvisiert: der Tempel durch die Zusammenkunft, der Handel durch das Stehenbleiben in der Straßenmitte. Es ist immer noch der Anzug aus Ägypten, der schon Jahrtausende anhält. Man muß immer auf dem Sprung sein, alles mit sich führen, das Brot und eine Zwiebel in der Tasche, in der anderen die Gebetriemen. Wer weiß, ob man in der nächsten Stunde nicht schon wieder wandern muß. Auch das Theater entsteht plötzlich.

Jenes, das ich sah, war im Hof eines schmutzigen und alten Gasthofes etabliert. Es war ein viereckiger Lichthof, Gänge und Korridore mit Glasfenstern klebten an seinen Wänden, und enthüllten verschiedene Intimitäten der Häuslichkeit, Betten, Hemden und Eimer. Eine alte, verirrte Linde stand in der Mitte und repräsentierte die Natur. Durch ein paar erleuchtete Fenster sah man das Innere einer rituellen Gasthofküche. Der Dampf stieg aus den kochenden Töpfen, eine dicke Frau schwang einen Löffel, ihre fetten Arme waren halb entblößt. Unmittelbar vor den Fenstern und so, daß sie es zur Hälfte verdeckte, stand ein Podium, von dem aus man direkt in den Flur des Restaurants gelangen konnte. Vor dem Podium saß die Musik, eine Kapelle aus sechs Männern, von denen die Sage ging, daß sie Brüder sind und Söhne des großen Musikers Mendel aus Berdyczew, an den sich noch die ältesten Juden aus dem Osten erinnern können und dessen Geigenspiel so herrlich war, daß man es nicht vergessen kann, weder in Litauen, noch in Wolhynien, noch in Galizien.

Die Schauspielgruppe, die hier bald auftreten sollte, nannte sich *Truppe Surokin.* Surokin hieß ihr Direktor,

Regisseur und Kassierer, ein dicker, glattrasierter Herr aus Kowno, der schon in Amerika gesungen hatte, Vorbeter und Tenor, Synagogen- und Opernheld, verwöhnt, stolz und herablassend, Unternehmer und Kamerad zu gleichen Teilen. Das Publikum saß an kleinen Tischen, aß Brot und Wurst und trank Bier, holte sich Speise und Trank selbst aus dem Restaurant, unterhielt sich, schrie, lachte. Es bestand aus kleinen Kaufleuten und deren Familien, nicht mehr orthodox, sondern „aufgeklärt", wie man im Osten Juden nennt, die sich rasieren lassen (wenn auch nur einmal wöchentlich) und europäische Kleidung tragen. Diese Juden befolgen die religiösen Bräuche mehr aus Pietät als aus religiösem Bedürfnis: sie denken an Gott nur, wenn sie ihn brauchen, und es ist ihr Glück, daß sie ihn ziemlich oft brauchen. Unter ihnen finden sich Zyniker und Abergläubische, aber alle werden in bestimmten Situationen sentimental und in ihrer Gerührtheit rührend. Sie sind in Dingen des Geschäfts rücksichtslos gegeneinander und gegen Fremde – und doch braucht man nur an eine bestimmte verborgene Saite zu rühren, um sie opferwillig, gütig und human zu machen. Ja, sie können weinen, besonders in einem solchen Freilufttheater, wie es dieses war.

Die Truppe bestand aus zwei Frauen und drei Männern – und bei dem Versuch zu schildern, wie und was sie auf dem Podium aufgeführt haben, stocke ich. Das ganze Programm war improvisiert. Zuerst trat ein dünner kleiner Mann auf, in seinem Gesicht saß die Nase, wie ein Fremdes, sehr Verwundertes; es war eine impertinente, zudringlich fragende und dennoch rührende, lächerliche Nase, eher slawisch als jüdisch, breite Flügel mit einem unvermutet spitzen Ende. Der Mann mit dieser Nase spielte einen *Batlen*, einen närrisch-weisen Spaßmacher, er sang alte Lieder und verulkte sie, indem er ihnen überraschende komische widersinnige Pointen anhängte. Dann sangen beide Frauen ein altes Lied, ein Schauspieler erzählte eine humoristische

Geschichte von Scholem Alejchem, und zum Schluß rezitierte der Herr Direktor Surokin moderne hebräische und jiddische Gedichte lebender und jüngst verstorbener jüdischer Autoren; er sprach die hebräischen Verse und gleich darauf ihre jüdische Übersetzung, und manchmal begann er zwei, drei Strophen leise zu singen, als sänge er so für sich, in seinem Zimmer, und es wurde totenstill, und die kleinen Kaufleute hatten große Augen und stützten das Kinn auf die Faust und man hörte das Rauschen der Linde.

Ich weiß nicht, ob Sie alle die jüdischen Melodien des Ostens kennen und ich will versuchen Ihnen eine Vorstellung von dieser Musik zu geben. Ich glaube sie am deutlichsten gekennzeichnet zu haben, wenn ich sie bezeichne als eine Mischung von Rußland und Jerusalem, von Volkslied und Psalm. Diese Musik ist synagogal-pathetisch und volkstümlich naiv. Der Text scheint, wenn er nur gelesen wird, eine heitere flotte Musik zu erfordern. Hört man ihn aber gesungen, so ist es ein schmerzliches Lied, das „unter Tränen lächelt". Hat man es einmal gehört, so klingt es wochenlang nach, der Gegensatz war ein scheinbarer, in Wirklichkeit *kann* dieser Text in keiner anderen Melodie gesungen werden. Er lautet:

Ynter die griene Beimelach
sizzen die Mojschelach, Schlojmelach,
Eugen wie gliehende Keulalach...

(Augen wie glühende Kohlen)

Sie sitzen! Sie tummeln sich nicht etwa unter den grünen Bäumen. Tummelten sie sich – dann wäre der Rhythmus dieser Zeilen so flott, wie er es auf den ersten Blick zu sein scheint. Aber sie tummeln sich nicht, die kleinen Judenknaben.

Ich hörte das alte Lied, das Jerusalem, die Stadt singt, so wehmütig, daß ihr Schmerz über ganz Europa weit hinein nach dem Osten weht, über Spanien, Deutschland, Frankreich, Holland, den ganzen bitteren Weg der Juden entlang. Jerusalem singt:

Kim, kim, Jisruleki l aheim (nach Hause)
in dein teures Land arain…

Diesen Sang verstanden alle Kaufleute. Die kleinen Menschen tranken kein Bier und aßen keine Würste mehr. So wurden sie präpariert für die schöne ernste, sogar schwierige und manchmal abstrakte Poesie des großen hebräischen Dichters *Bialik*, dessen Lieder in fast alle Kultursprachen übersetzt sind und von dem eine Wiederbelebung der hebräischen Schriftsprache ausgegangen sein soll, die sie endgültig zu einer lebendigen macht. Dieser Dichter hat den Zorn alter Propheten und die süße Stimme eines jubelnden Kindes.

(aus: Joseph Roth, Berlin; in: Juden auf Wanderschaft, erschienen im Verlag Die Schmiede, Berlin 1927)

Bruno Ostrovsky

(1919)

In Berlin trat ich in engen Kontakt mit den ostjüdischen Flüchtlingen, die sich um das Volksheim in der Dragonerstraße gruppierten. Dieses Volksheim unter der Leitung von Siegfried Lehmann hatte sich schon damals aus bescheidenen Anfängen zu einem Kultur- und Bildungszentrum für die Jugend entwickelt. Über Siegfried Lehmann zu schreiben, steht mir nicht zu. Über den Gründer von Ben Schemen ist als Persönlichkeit im allgemeinen und Lehrer der jüdischen Jugend im besonderen so viel geschrieben worden, daß er und gerade er auch in späteren Generationen des Jischuw als Symbol weiterleben wird. Hervorgegangen aus dem KJV, war er eine Art deutsch-jüdischer Narodnik, der durch sein „Gehen ins jüdische Volk“, zunächst in Litauen, es ernst meinte mit der Devise: Rückkehr zum Judentum vor der Rückkehr ins Judenland. Er war bei aller Popularität in den Kreisen der jüdischen Jugend für uns Draußenstehende eine Persönlichkeit, die sich distanziert hielt. In vielen Dingen war er ein Diktator, für den die Masse ein Objekt erzieherischer Aufgaben war, so wie er sie verstand. Der Typ des wohlwollenden, patriarchalischen, nur Gutes wollenden Diktators ist übrigens in der Geschichte Europas oft zu finden gewesen. Und die Diktatur des aufgeklärten und aufklärenden Freidenkers ist vielleicht nicht die schlechteste Erscheinung im historischen Raum. Jedenfalls halte ich es nicht mit der Devise: vox populi vox dei. Siegfried Lehmann war also die zentripetale Kraft, in deren Kraftfeld wir uns bewegten. Das jungjüdische Menschenmaterial, besonders dieser Flüchtlingskreise war erstklassig, sowohl was den élan vital, als auch was nationaljüdisches Hingegebensein anging. Ich hatte mit ihnen interessante Begegnungen, teilweise im Volksheim, teilweise bei gemeinsamen Ausflügen in die schöne Umgebung Berlins. Ich lebte allerdings nur relativ kurze Zeit in dem Dunstkreis der Dragonerstraße, weil mein persönliches Leben mich stark absorbierte und in andere Richtung wies.

(aus: Bruno Baruch Ostrovsky, Erinnerungen und Betrachtungen; in: Jüdisches Leben in Deutschland, erschienen bei Deutsche Verlagsanstalt, Stuttgart 1982)

Mischket Liebermann

(um 1920)

Ein Zufall hat mich in die Gegend meiner Kindheit verschlagen. Ich wohne wieder unweit vom Alexanderplatz. Wie vor sechzig Jahren. Gern lasse ich mich für ein Weilchen am Neptun-Brunnen nieder, betrachte die Neubauten, die Anlagen. Bilder von einst ziehen vorbei: Münzstraße, Grenadierstraße, Dragonerstraße, Schindelgasse, Mulackstraße… Ein Armenviertel, ein Scheunenviertel. Auch ein Hurenviertel. So eins, wo die Alten, Verbrauchten auf den Strich gingen. Ich denke an das Stück Mittelalter zurück, das es in der Nähe vom Alex gab, an das Ghetto, in dem ich meine Kindheit verbrachte.

Ja, auch in Berlin gab es ein Ghetto. Ein freiwilliges. Lange vor Hitler. Genauer – bis zur Hitlerei. Denn dann gab es die unfreiwilligen. Und die Gaskammern.

Das Ghetto lag in der Grenadierstraße und ihrer Umgebung. Zwischen dem Bülowplatz, dem heutigen Luxemburgplatz, und der Münzstraße. Ausgerechnet in dieser Gegend hatten sich die Ostjuden niedergelassen, die 1914 vor den Kriegswirren aus Galizien geflüchtet waren. Was heißt ausgerechnet. Natürlich hatte das seine guten Gründe. Hier gab es die billigsten Wohnungen und die wenigsten Antisemiten. Einer folgte dem anderen nach. Bald wohnten sie Haus an Haus, Tür an Tür. Im Zusammenrücken glaubten sie Schutz zu finden, und wer weiß, vielleicht auch ein Stückchen Heimat. Viele Berliner verließen allmählich dieses Scheunenviertel.

Und auch so manche der Ostjuden zogen eines Tages wieder fort von hier. Wenn sie das „große Los" gewonnen, das heißt, wenn sie gute Geschäfte gemacht hatten und reich geworden waren. Dann siedelten sie sich in den Vierteln der Reichen an und versuchten, deren Lebensweise nachzuahmen. Dabei passierten die komischsten Dinge. In die Wohnung der Neureichen gehörte ein Flügel, ein Bechstein-Flügel mußte es sein. Egal, ob jemand darauf spielen konnte oder nicht. Aber den kleinen Kinderlech (Kinderchen) machte es Spaß, mit ihrem Nachttopf darauf zu sitzen, sich wie im Spiegel zu beobachten und Grimassen zu schneiden. Der Herr Papa und die Frau Mama schmolzen dahin vor Glück ob dieses Anblicks. Efscher (vielleicht) wird ihr Sprößling mal ein berühmter Musiker werden. Kann man's wissen, wo doch alles im Himmel vorgeschrieben ist?

Dann gab es die „Luftmenschen", wie sie der jüdische Klassiker Scholem Alejchem so köstlich beschrieben hat. Sie hatten keinen Beruf, sie hatten kein Geld, aber sie hatten „Ideen". Damit machten sie Geld und manchmal auch Pleite. Denn wenn einer darauf kam, mit einer bestimmten Ware zu handeln, sagen wir, mit Unterwäsche, dann stürzte sich ein Dutzend solcher Luftmenschen auf diesen Artikel, und alle zusammen machten sie Pleite. Aber sie fanden sehr schnell wieder eine andere „Idee".

Doch die meisten der Ostjuden blieben im Ghetto. Und blieben, was sie waren: arme Schlucker. Mit unheimlich vielen Kindern. Sie rackerten sich ab, um die zahlreichen Mäuler irgendwie satt zu kriegen.

Das Berliner Ghetto umgaben keine Mauern, und doch war es eine abgeschlossene Welt. Es hatte seine eigenen Gesetze, seine Sitten und Gebräuche. Die orthodoxen Juden wachten darüber, daß sie streng eingehalten wurden. Es gab eine eigene Versorgung. Alles mußte ja koscher (rein, nach bestimmten rituellen Vorschriften zubereitet) sein. Die enge Grenadierstraße war voller kleiner Läden: Fleischwaren, Kolonialwaren, Grünkram, zwei Bäckereien, na und die Fischhandlung. Die durfte auf keinen Fall fehlen. Denn was ist ein Sabbat ohne gefüllten Fisch? Eigene Handwerker, Schuster, Schneider, Trödler, Hausierer waren da. Und eine koschere Gaststätte mit einer vorzüglichen Küche. Doch im Mittelpunkt standen die zwei Bethäuser mit ihren beiden Rabbinern, den Vorbetern und den Schlattenschammes, den Synagogendienern.

Das Ghetto konnte sich sogar rühmen, eine eigene Diebes- und Hehlerbande zu haben. Eines Tages wurde bei uns eingebrochen. Das heißt, man brauchte gar nicht einzubrechen, die Wohnungstür stand stets offen. Bei uns war den ganzen Tag ein Kommen und Gehen. Mein Vater war nämlich einer der Rabbiner im Ghetto. Es kränkte ihn sehr, daß man es gewagt hatte, ihn, den „Vertreter Gottes auf Erden", zu bestehlen. Er ließ sich den Bandenboß kommen. Jeder wußte, wo er wohnte. Sogar die Polizei wußte es. Aber er ging aus allem wie ein Unschuldslamm hervor.

Der Mann kam und entschuldigte sich sehr höflich bei meinem Vater. „Solche Idioten!" fluchte er. „Ich kann mich auf niemanden mehr verlassen. Bei den eigenen Leuten einzubrechen. Ausgerechnet beim Rabbi Pinchus-Elieeser, der so schöne Töchter hat." Meine Schwester ging gerade vorbei, er verschlang sie mit seinen Blicken. „Morgen haben Sie alles zurück." Und wir hatten es zurück. Altes Zeug. Uns ging es vor allem um die Nähmaschine, ohne die wir Kleinen hätten nackt herumlaufen müssen.

Eine besondere Kaste bildeten die Schnorrer (Bettler) im Ghetto. Die gab es in Scharen. Jeder von ihnen hatte eine bestimmte Familie, bei der er Monat für Monat erschien und Geld kassierte. Pünktlich auf den Tag. So, als sei es sein Gehalt. Bekam mal einer keins, machte er Rabatz. Unser hauseigener Schnorrer jagte uns Kindern immer einen Schreck ein, wenn er kam. Er war ein großer, hagerer, einäugiger Mann, trug einen schwarzen, verwilderten Bart und Schläfenlocken. Sein Kaftan war fettig und voller Löcher, er selber frech und aufdringlich. Wenn meine Eltern ihn einen Monat vertrösten mußten, weil sie selber nicht wußten, wie sie den nächsten Tag zurechtkommen würden, wetterte er los: „Warum soll ich Ihnen das schenken? Wer schenkt mir denn was!“ Er glaubte tatsächlich, ein Recht darauf zu haben. Das Betteln betrachtete er als seinen Beruf.

Er war ein Asozialer, wie die anderen, die Penner, von denen es im Scheunenviertel nicht wenige gab. In der Regel Obdachlose, Versoffene, Vereinsamte, Arbeitsscheue, Verkommene, kurz, von der Gesellschaft Ausgestoßene, die sich in der Misere der bestehenden Verhältnisse nicht behaupten konnten. Viele liebten es, in kleinen Gemeinschaften zu leben. Sie suchten sich irgendwo einen Fleck unter freiem Himmel. Eine Gruppe hatte ihren Stammplatz ganz dicht an der Volksbühne. An der rechten Seite stand ein langer Zaun. Der diente ihnen nachts als Windschutz, tagsüber als Rückenlehne. Dort vergammelten sie ihre Tage und Nächte, ihr Leben. Meistens.

Dieser Platz an der Volksbühne war sehr begehrt. Die Schauspieler und Bühnenarbeiter rümpften nicht die Nase, sie behandelten sie wie Menschen. Manchen Groschen warfen sie in die bereitliegenden Mützen, und oftmals fanden sie auch scherzende, tröstende, mahnende Worte, je nachdem. Wehe, wenn ein fremder Gammler in dieses Revier eindringen wollte.

Die eingewanderten Juden schlossen sich hermetisch von der Außenwelt ab. Sie lebten wie Moses auf dem Berg Sinai, streng nach den zehn Geboten und Hunderten von Verboten, die sie sich selber auferlegten. Bei uns im Hause des Rabbi Pinchus-Elieeser ging es besonders strenggläubig zu. Ein Ghetto im Ghetto. Nichts fürchtete mein Vater so sehr wie die Assimilation seiner Kinder. Um sie zu verhindern, ersann er die unmöglichsten Sachen. Wir durften zu Hause nicht einmal Deutsch sprechen. „Hast dir schon deutsche Zähne eingesetzt?“ ironisierte er. Unterhielt er sich mit einem Deutschen – sagen wir, mit dem Hauswirt oder dem Briefträger –, verdrehte er die deutsche Sprache dermaßen, daß keiner ihn verstand, weder ein Deutscher noch ein Ostjude. Statt Kinder sagte er Kunder, und ein Tisch wurde zum Tusch. Dabei war er ein kluger, intelligenter Mann. Er kannte die Bibel und den Talmud (nach dem Alten Testament das Hauptwerk der jüdischen Glaubenslehre) halb auswendig, philosophierte gern, auch über die Weltpolitik. Wollte er die Deutschen oder seine Kinder zum Narren halten? Beides ist möglich. Der Schalk saß ihm im Nacken.

Ob alt, ob jung, die meisten orthodoxen Ostjuden waren Analphabeten. Die Männer konnten wenigstens Jiddisch oder Hebräisch lesen. Manche auch schreiben. Denn die „Männer" gingen schon mit drei Jahren in den Chejder, in die hebräische Schule. Ein kleiner Raum meist. Den ganzen Tag verbrachten sie dort, die Kleinen wie die Großen. Sie saßen am Tisch, wiegten ihren Oberkörper vor und rück, drehten ihre Schläfenlocken und wiederholten, was der Melamed, der Lehrer, vorsagte. Sie studierten die „heiligen" Schriften, aber nichts, was sie im Leben gebrauchen konnten. Die Mädchen waren ganz übel dran. Die hatten das Haus und sich zu putzen, dazusitzen und zu warten, bis sie das heiratsfähige Alter erreichten.

Dann kam unweigerlich das Schadchen, der Heiratsvermittler, ins Haus zu den Eltern, gottbewahre nicht zu den Töchtern. Die wurden nicht gefragt, sie wurden verkuppelt. Es genügte, daß sich die Eltern beiderseits einig wurden über die Mitgift, Aussteuer, eventuell auch darüber, welche Seite dem jungen Paar ein Jahr lang Kost gewährte, wenn der Bräutigam keinen Beruf hatte. Und den hatte er meist nicht.

Es wurde sehr früh geheiratet. So löste man die sexuellen Probleme. Oder auch nicht. Von Liebe war keine Rede, die war tabu. Merkwürdig, woher nur die vielen Kinder kamen? Ach ja, richtig, der Klapperstorch brachte sie. Die jungen Menschen lernten sich erst bei der Brautschau kennen, wo schon alles abgemachte Sache war. Bestenfalls durften sie danach bis zur Hochzeit am Sabbatnachmittag gemeinsam spazierengehen. Natürlich nur in Begleitung. Gewöhnlich trippelte eines der kleineren Geschwister hinterher. Auch ich mußte – bei meinen vielen Geschwistern – gelegentlich einen solchen „Hüter der Moral" spielen. Ich weiß nicht mehr, ob ich diese meine erste Rolle gut oder schlecht gespielt habe. Jedenfalls war ich schrecklich neugierig. Und enttäuscht, daß nichts passierte. Nicht einmal ein Kuß.

Wie Fremde gingen Braut und Bräutigam nebeneinander her und schwiegen. Wovon sollten sie auch reden? Von Glück? Von Liebe? Wer fragte danach? Vielleicht kam es. Später. Irgendwann einmal. Meistens nicht. Kinder kamen bestimmt und nicht wenige, in der Regel. Die kitteten und glätteten alles. Scheidungen gab es selten. Unglückliche Ehen noch und noch.

Die Heiratsvermittler waren ausgekochte Burschen. Die unmöglichsten Ehen brachten sie zustande. Mit ihrem Redefluß konnten sie einen Toten zum Leben erwecken. Und eine Phantasie hatten sie! Um die könnte sie so mancher Schriftsteller beneiden. Was die zusammenschwindelten, ist unvorstellbar.

Als mein neunzehnjähriger Bruder dran war, verkuppelt zu werden, schwatzte der Schadchen meinen Eltern eine Braut für ihn auf, die aus Magdeburg stammte. Neunzehn sei sie und bildschön, log er. Dort erzählte er, mein Bruder sei sechsundzwanzig und ein Herkules. Es war genau umgekehrt. Mein Bruder Mechel war fast noch ein Knabe, schmal, schmächtig, scheu, schüchtern, gehemmt und verklemmt. Sie – sechsundzwanzig, übergroß, überdick, überreif. Und das alles gehört mir? wollte er fragen, als er bei der Brautschau in Magdeburg dieser Kanone gegenübersaß. Aber es verschlug ihm die Sprache. Er getraute sich nicht, die Augen aufzumachen, geschweige denn den Mund.

Die Eltern redeten für die Brautleute. Vorausgesetzt, der Schadchen ließ sie zu Wort kommen. Kurz, man feierte an Ort und Stelle die Verlobung. Die Hochzeit sollte in Berlin stattfinden, und so schnell wie möglich. Die Brauteltern hatten es eilig, ihre wie Hefeteig aufgegangene Tochter unter die Haube zu bringen.

Heimgekehrt, versammelte sich der Familienrat: Vater, die Söhne und die Schwiegersöhne. Man beriet den Brief, den mein Bruder Mechel an seine Braut zu schreiben hatte. Das war ziemlich kompliziert. Wie sollte er schreiben? Deutsch konnte er nicht, Hebräisch – sie nicht. Wie sollte er sie anreden – Sie oder Du? Was sollte er schreiben? Daß er gut angekommen und gesund ist und dasselbe von ihr hoffe? Herrgott, war das eine Aufregung im Hause! Ich platzte mitten hinein und schlug vor, die Braut in Ruhe zu lassen. Statt dessen an die Brauteltern zu schreiben und ihnen zu danken für dieses kostbare Geschöpf, das sie zur Welt gebracht hatten.

Die Hochzeit fand, wie vereinbart, bald und in unserem Hause statt. Sie verlief tieftraurig. Trauriger hätte kein Begräbnis sein können. Im mittleren Zimmer stand der Traubaldachin. In den Zimmern zu beiden Seiten – Braut und Bräutigam getrennt voneinander. Um die Braut mühten sich die Mütter und die weiblichen Verwandten, um den Bräutigam – die Väter und die männlichen Angehörigen. Musikanten spielten herzzerreißende Melodien. Ein Kantor sang in Versen vom schweren, aber redlichen Leben der Väter, Großväter und Urgroßväter. Wie Wolkenbrüche flossen bei allen die Tränen. Schweigend führte man Braut und Bräuti-gam unter den Traualtar. Mein Vater nahm als Rabbiner die Trauung vor. Er machte es kurz. Die Tränen ließen ihn fast ersticken. Er reichte ein Glas Wein ringsherum. Die Männer nippten daran. Dann reichte er das Glas dem Bräutigam. Der mußte es mit dem rechten Fuß zerstampfen. Als Zeichen der Männlichkeit. Schafft er das, besagt der Brauch, wird er auch die Hochzeitsnacht gut über die Runden bringen. Ob mein Bruder wenigstens in dieser Nacht seine Frau richtig angeschaut hat? Die Brautmutter führte das junge Paar ins Schlafgemach.

Was dann folgte? Na, was schon? Jedes Jahr ein Kind. Mein Bruder Mechel schaffte es „nur“ bis sechs. Die Nazis kamen dazwischen. Doch bis dahin hatte er es weit gebracht: eine Kellerwohnung in der Grenadierstraße, wo er mit Grünkram handelte. Und am Freitag auch noch mit Fisch. Für den Sabbat. Der Gestank war groß. Die Armut noch größer. Aber er, seine Frau und seine sechs Kinder sind wenigstens am Leben geblieben. Ihnen gelang die Flucht nach Jerusalem.

Überhaupt, die Männer hatten durchaus Gelegenheit, ihr Köpfchen zu benutzen, sofern sie eins hatten, und die Hände dazu, versteht sich. Sie trafen sich zu einem Schwatz in der Synagoge, beim Rabbi, in der Werkstatt, im Geschäft, schließlich auf der Straße. Die Frauen kamen aus ihren vier Wänden kaum heraus. Wenn, dann nur, um einzukaufen. Selten gingen sie zu Besuch, in die Synagoge zweimal im Jahr, zum Neujahrsfest und zum Jom Kipur, Tage der Versöhnung, wo einer dem anderen alles verzieh. Bis nach dem Fest. Dann blieb alles wieder beim alten.

Ich war das fünfte von den acht Kindern des Rabbi Pinchus-Elieeser. Und das erste – das zur Schule gehen durfte. Die Polizei verhalf mir dazu, ohne daß ich sie darum gebeten hatte. Ich lief einfach den Kindern hinterher, wenn sie morgens zur Schule trippelten, zu zweit oder zu dritt. Ich beneidete sie um ihre Ranzen, um die hübschen Schürzen, um ihr fröhliches Lachen. Lange stand ich vor den Fenstern der Schule in der Gipsstraße. Reckte meinen Hals, um etwas von dem zu erhaschen, was drinnen vor sich ging.

Eines Tages öffnete sich ein Fenster, und eine bucklige Lehrerin winkte mich heran. Fräulein Cohn. Sie fragte: „Was stehst du hier jeden Tag herum? Warum gehst du nicht zur Schule?“

„Ich darf nicht zur Schule gehen.“

„Warum nicht?“

„Es ist eine Sünde, sagt mein Vater.“

Von da an bestand mein Leben aus lauter Sünden. Es

dauerte keine zwei Wochen, da flog eine Zustellung vom Polizeipräsidium ins Haus. Vater sollte mich sofort einschulen. Oder für acht Tage ins Gefängnis gehen. Oder hundert Mark Strafe zahlen. Und mich trotzdem einschulen. Mein Vater haderte mit mir und der ganzen Welt. Als gingen wir, die Welt und ich, dem Untergang entgegen. Aufgeregt schritt er im Zimmer auf und ab, die linke Hand in der Hosentasche, mit der rechten gestikulierte er. „Zu meinem Glück hat mir nur noch die Polizei gefehlt! Ranzen! Schmonzen! Soll sie doch gehen! Sowieso treibt sie sich den ganzen Tag auf der Straße rum!" Dabei zerbrach er sich den Kopf, wie er diesen Befehl umgehen könnte. Es blieb ihm nichts anderes übrig, er mußte mich zur Schule schicken. Und mit mir meine jüngere Schwester Sure. Dieser Schreck hatte gereicht. Dennoch, für die Söhne wäre Vater „auf die Barrikaden gegangen". Aber Sure und ich waren ja nur Mädchen.

Überhaupt wollten die Ostjuden mit den Behörden nichts zu tun haben. Und schon gar nichts mit der Polizei. Es war ein Gemisch von Angst und Verachtung. Sie lebten ständig in der Furcht, ausgewiesen zu werden. Sogar um das Standesamt machten sie einen Bogen. Kam ein Kind zur Welt, trug man die Geburt in ein Gebetbuch ein. Mein Vater nahm dazu eines der fünf Chimuschim (fünf Bücher Mose) und vergaß, welches. Wir kamen nie klar mit den Geburtstagen. Sie wurden auch nicht gefeiert. Die Umrechnung vom jüdischen Kalender war reichlich kompliziert. Entweder wurden wir um einige Wochen jünger oder älter gegenüber der normalen Zeitrechnung. Je nachdem, auf welche Woche im September oder auch Oktober das jüdische Neujahr fiel. Ich bin nicht überzeugt, ob ich wirklich im November geboren bin. Jedenfalls steht es jetzt im Personalausweis...

Fast ein Jahr führte ich nun schon den Haushalt. Ich hatte es satt – bis oben hin! Besonders die jüdischen Feiertage, reich an Zahl und noch reicher an Selbstbetrug. Sie stahlen mir viel Zeit und fesselten mich ans Haus. An solchen Tagen paßte mein Vater auf, daß ja alle seine Kinderlech um ihn blieben.

Purim war wenigstens ein lustiger Feiertag. Wie eine Fastnachtsfeier. Ein Jontew (Feiertag), an dem ausnahmsweise nicht soviel gebetet und gar nicht geweint wurde, dafür viel gelacht, gescherzt und gefuttert. Purim beruht auf der Legende von der schönen Esther, der jüdischen Gemahlin des Perserkönigs Ahasveros, die den Minister Haman davon abbrachte, die Juden umzubringen.

An diesem Tage beherrschten die Kinder und die Jugend das Ghetto. Sie verkleideten sich, gingen von Haus zu Haus und spielten diese Legende. Abends nahmen sie eine Knarre mit in die Synagoge. Sobald der Vorbeter den Namen Haman aussprach, knatterten sie los. Es entstand ein ohrenbetäubender Lärm. Alles lachte und freute sich: Dem Antisemiten Haman haben wir es aber gegeben! Danach versammelten sich viele Anhänger Vaters bei uns im Hause zu Speis und Trank und Tanz. Wiederum nur die Männer.

Die Frauen hatten das „Vergnügen“ zu backen und zu kochen. Purim bekam Vater Schalachmones (Geschenke) ins Haus geschickt. Das waren wahre Kunstwerke der Bäckerei. Die schönsten Leckerbissen. Halbwüchsige brachten sie auf einem großen, flachen Teller, mit einer weißen Serviette zugedeckt, und überreichten sie dem Rabbi: „Schalachmones von meinen Eltern“, sagten sie. Mein Vater saß auf seinem Stuhl wie König Salomon auf seinem Thron und nahm die Geschenke entgegen. Neben ihm stand eine Kinderbadewanne, in die er alles hineintat. Um die Wanne herum saßen die Kleinen auf dem Fußboden und fischten sich die schönsten Leckerbissen heraus, kaum daß sie drinnen waren. Die Großen warteten ab, bis der Überbringer das Haus verlassen hatte. Wir alle, groß wie klein, aßen uns buchstäblich krank an diesen honigsüßen Dingern. Eine Woche lang hatten wir daran zu knabbern.

Purim fiel in den März. Im April folgte Pejsech, das Osterfest, und mit ihm ein solcher Haufen Arbeit für mich, daß es zur Qual wurde. Acht Tage lang wurde gefeiert, zur Erinnerung an den Auszug der Kinder Israels aus Ägypten. Die ersten zwei Tage streng wie am Sabbat, dann vier Tage, an denen man werken und wirken durfte, und dann noch einmal zwei strenge Feiertage. Als die „Kinder Israels" Ägypten verließen, hatten sie keine Zeit, Brot zu säuern und zu backen. Sie machten aus Mehl und Wasser – Mazza. Eine Art Knäckebrot, nur noch dünner, rund und groß wie ein Teller und völlig ungesalzen. Gebacken wurde dieses Zeug auf Steinen, die zur Genüge am Wege lagen, auf dem Grund des Roten Meeres, das Moses mit seinem Stab in zwei Hälften geteilt hatte, damit die Menschenkarawane ans andere Ufer konnte.

Warum ich aber für diese Trockenschwimmer büßen und wochenlang schuften sollte, sah ich nicht ein. Alle mußten ran: Vater, Mutter, die drei Geschwister, die noch zu Hause waren, sogar mein dreijähriges Brüderlein Jankel, das sich die größte Mühe gab. Die ganze Wohnung wurde auf den Kopf gestellt, alle Möbel ausgeräumt. Wir klopften und schrubberten, denn es durfte sich kein Krümel Brot verkrümeln. Kochherd und Backofen wurden ausgeglüht, damit nicht die geringsten Speisereste verblieben. Das Ostergeschirr packten wir aus der einen Kiste aus und das alltägliche in eine andere ein. Acht Tage lang nährten wir uns hauptsächlich von Mazza, Kartoffeln und Eiern, aus denen ich die schmackhaftesten Speisen zubereitete. Aber wir Kinder freuten uns, wenn die Tage vorbei waren und wir wieder einen derben Kanten Brot essen konnten. Denn satt wurden wir von diesen zarten Gerichten nicht.

So ein Sederabend, der erste Osterabend, verlief sehr zeremoniell. Vater saß im weißen Gewand auf vielen Kissen, weil es damals, beim Auszug, so steinhart war. Mein jüngster Bruder lispelte die vier auswendig gelernten Kasches, Fragen über den Auszug. Jedes Jahr dieselben Fragen, Tausende Jahre lang. Und die Antwort? Sie blieb aus. Alle tauchten wir den Zeigefinger in den Becher Wein und zählten die zehn Plagen aus jener Zeit auf. Zur Erinnerung an die bitteren Begebenheiten aßen die Männer einen Eßlöffel frisch geriebenen Meerrettich und schüttelten sich dabei. Ihre Augen tränten. Wir Frauen wurden verschont, ausnahmsweise mal. Nach unendlich vielen Segenssprüchen begann schließlich das Essen. Uns Kindern knurrte schon der Magen. Am Tisch wurde ein Platz für den Propheten Elia freigehalten. Den ganzen Abend stand die Wohnungstür offen. Aber er kam nicht. Wir Kinder waren jedes Jahr aufs neue enttäuscht.

Ein Fest löste das andere ab, eins erschien mir irrsinniger als das andere. Zum Beispiel das Laubhüttenfest. Da zimmerten sich doch die Männer auf den Hinterhöfen des Ghettos Hütten aus Brettern zusammen und nahmen darin acht Tage lang ihre Mahlzeiten ein. (Auch das zur Erinnerung an das Nomadenleben während des Auszuges.) Die Frauen aber rannten treppauf, treppab und brachten den Männern das Essen dorthin.

Verhältnismäßig einfach war für mich das Neujahrsfest, Tag des Gottesgerichts; denn vom frühen Morgen bis zum späten Nachmittag waren alle in der Synagoge, und ich hatte meine Ruhe. Nur die vielen lebenden Hühner, die zum Neujahrsfest geschlachtet und ausgenommen werden mußten, konnten mir das Leben vermiesen. Aber die Hennen und Hähne hatten eine rituelle Bedeutung. Sie wurden dem „Allmächtigen“ als Opfer dargebracht – und hinterher schmackhaft zubereitet, mit gutem Appetit verzehrt.

Für die Männer mußten es weiße Hähne sein, für die Frauen Hennen. Man band den Tieren die Füße zusammen, drehte sie sich über dem Kopf und sprach ein Gebet dazu. Die Kleinen brauchten nur den Refrain nachzuplappern: „Dir zum Tod, mir zum Leben“. Auch der kleine Jankel lispelte erschreckt diese Worte, während Vater den Hahn über seinem Köpfchen drehte. Dann mußten die Viecher zum jüdischen Schlächter gebracht werden, damit sie ja koscher geschlachtet würden. Sie alle zu rupfen, blieb meine Plackerei. Essen mochte ich nachher nichts mehr davon.

Als der allerheiligste Feiertag galt der Jom Kipur. Der traurigste war er bestimmt. Den ganzen Tage wurde gefastet, gebetet und geweint. Er begann schon am Vorabend und endete mit dem Abfasten am nächsten Abend, wo sich die Familie an den von mir zubereiteten Gerichten krank aß. (Ich hätte doch Köchin werden sollen. Meine Freunde schätzen meine Kochkunst hoch ein. Und ich schätze meine Freunde.) Die Frommen verbrachten diesen Tag der Versöhnung und Vergebung in der Synagoge und standen in „direkter Verbindung" zu Gott.

Sie sprachen das berühmte Gebet Kol nidre, sie sangen es mehr in einer ergreifenden Melodie.

Auch meine Mutter ließ sich das nicht nehmen, obwohl der Arzt es ihr streng untersagt hatte. Sie nahm Baldriantropfen und einen mit Nelken gespickten Apfel mit in die stickige Synagoge. Wozu das gut sein sollte, weiß ich bis heute nicht. Außerdem steckte sie sich noch Salmiakgeist ein, falls jemand in Ohnmacht fallen sollte, wie sie sagte. Dabei konnte es jeden Augenblick passieren, daß sie selbst ohnmächtig nach Hause gebracht wurde. Ich mußte deshalb das Haus hüten und den kleinen Jankel versorgen. Ihm durfte ich zu essen geben. Klar, daß ich selber tüchtig reingehauen habe. Den Bruder schickte ich aber währenddessen auf die Straße. Sonst könnte er sich verplappern. Satt, aber ganz und gar nicht zufrieden, ging ich hinunter zu ihm. Der Knirps war weg. Er hockte auf Mutters Schoß in der Synagoge. Ich holte ihn heraus.

Der Kleine trug schon Schläfenlocken. Schön geringelt waren sie, blond und lang. Ich versuchte, sie mit Spucke hinter die Ohren zu „kleben". Aber die kamen immer wieder zum Vorschein. Das paßte mir nicht. Es hätte ja sein können, daß mein „Kavalier", der Günter, herauskäme und aus lauter Sympathie den Kleinen an den Locken ziehen würde, wie er mich an den Zöpfen zog. Jankel hielt mir geduldig sein Gesichtchen hin. Er freute sich, weil er mit mir spazierengehen durfte. Aber die Mühe war umsonst. Günter kam nicht. An dem Tage nicht.

Dieser Arbeiterjunge hat zwei Jahre später – ich wohnte nicht mehr in der Grenadierstraße – meinen Angehörigen einen unschätzbaren Dienst erwiesen. Das trug sich so zu: Die Nazis hielten 1923 im Ghetto eine kleine Generalprobe der Judenverfolgung ab. Sie zertrümmerten Fensterscheiben, schlugen Menschen zusammen, zerrten sie aus den Synagogen, zwangen Männer wie Frauen, sich nackt auszuziehen, ließen sie Spießruten laufen und dergleichen mehr. Ja, Menschen zu foltern, machte ihnen Spaß, diesen Raubtieren in Menschengestalt. Es war gedungener Mob, Asoziale, Zuhälter, man sah es ihnen an.

Die jüdische Bevölkerung verkroch sich in ihren Wohnungen und traute sich noch am nächsten Morgen nicht auf die Straße, obwohl dieser grausame Spuk nur wenige Stunden gedauert hatte. Da kam Günter und rief meine jüngste Schwester ans Fenster. „Rebekka, komm runter, ich geh' mit dir einholen." Er wußte, daß sie Sure hieß, aber der Name Rebekka hatte es ihm anscheinend angetan. Beide versorgten an dem Tag unser Haus und die beiden Nachbarhäuser mit den nötigen Lebensmitteln. Ich kam erst gegen Mittag ins Ghetto gelaufen. Meine Schwester Sure hatte mich geholt. Ich sah noch genug...

(aus: Mischket Liebermann, Aus dem Ghetto in die Welt. Autobiographie, erschienen im Verlag der Nation, Berlin 1977)

Alexander Granach

(1906)

So kam ich, sechzehnjährig, mit meinem gleichaltrigen Freund Schlüsselberg nach Berlin. Horodenka, Zaleszczyki, Stanislau, Lemberg hatte ich beschauen, beobachten, entdecken können, ich hatte Eindrücke registriert, Vergleiche angestellt. Hier kam ich nicht in eine Stadt. Hier kam eine Stadt über mich. Hier fühlte ich mich überfallen, attackiert, nach allen Seiten gerissen von einem neuen Rhythmus, neuen Menschen, einer neuen Sprache, neuen Sitten und Gebräuchen. Ich mußte an mich halten, Augen aufreißen, Muskeln anspannen, um nicht überrannt, nicht zermalmt, nicht zerquetscht zu werden. Die Theatersehnsucht mit den vielen Plänen, da hineinzukommen, war im Hintergrund verschwunden. Jeder Tag gebar seine eigenen Forderungen: arbeiten, essen, wohnen, Miete zahlen. Ich hatte gar keine Papiere, nur ein kleines Büchelchen, eine Legitimationskarte: Ich war Mitglied der österreichischen Bäckergewerkschaft. Also war mein erster Gang zum Gewerkschaftshaus Engelufer 12, dort zum Bäckernachweis. Und siehe da, man wird als Kollege, als Genosse angesprochen. Die Menschen sind sehr freundlich, und niemand ist überrascht, daß zwei Handwerksburschen aus dem Österreichischen auf der Wanderschaft sind und sich bis Berlin durchgeschlagen haben. Ich bekam Auskunft, eine Wartenummer des Nachweises, eine geldliche Unterstützung und Ratschläge wegen Schlafstelle und Essen. Als wir das Gewerkschaftshaus verließen, beneidete mein Freund mich um mein Handwerk, um mein Fach, das mir in dieser fremden Welt, in dieser wilden Stadt eine Aussicht auf Arbeit, auf unabhängiges Leben bot. Das war auch eine ganz große Sache für mich. Berlin! Es war, als ob ein Riese mich freundlich anlächelte, ja, ich hatte Angst! Dieser Riese flößte mir Respekt ein – aber Engelufer 12 war freundlich, nannte mich Kollege, Genosse und reichte mir die Hand. Mein Herz füllte sich mit Selbstvertrauen, und an diesem Tage habe ich mich wirklich in Berlin verliebt.

Wir bestiegen eine Elektrische und fuhren zwei Stunden durch ein Häusermeer zu irgendeiner Endstation und zurück, ohne auszusteigen, immer vorne beim Fahrer, und bekamen einen vagen Begriff von etwas sehr Großem und Fürchterlichem, das doch einen freundlich aufzunehmen schien. Nach Beendigung unserer Fahrt sahen wir in einer Kutscherkneipe schön belegte Brote im Fenster, mit Zungenwurst, mit Schmorbraten und Stückchen Gelee und mit Schweizer Käse. Zehn Pfennig das Stück. Wir gingen hinein und bestellten jeder eins, und ein dicker Wirt mit rundem Kahlkopf und großem Schnurrbart musterte unsere gierigen Augen und fragte: „Klappstulle?" Und ich sagte: „Ja." Mein Freund guckte mich fragend an: „Was ist das?" Währenddessen strich schon der Wirt ein anderes Brot mit Fett und legte es über das belegte Brot, schnitt es in der Mitte durch und reichte es uns. Und ich sagte: „Siehst doch, Klappstulle." Und wir aßen zum ersten Male Klappstullen und tranken eine Molle dazu. Kinder, war das großartig! Eine Klappstulle! Eine Klappstulle mit Zungenwurst und noch eine mit Braten und eine mit Käse! Die weite Fahrt, das gute Essen, Brot mit Butter und Fleisch dazu, Brot mit Belag und Bier und die Aussicht auf Arbeit! Den möchte ich sehen, der dabei nicht jauchzte vor Glück! Ja, den habe ich gesehen. Der saß vor mir. Mein Freund hatte plötzlich Heimweh und weinte. Als wir in Berlin angekommen waren, hatte mein Freund nach Hause geschrieben. Ich tat es nicht. Ich wollte erst schreiben, wenn es mir gut ginge. Nun hatte er von seinem Vater den ersten Brief, in dem er ihn beschwor, nach Hause zu kommen – er werde ihm alles verzeihen und sogar Geld zur Heimfahrt senden. Er legte auch an mich einen höflichen Brief bei. Er, der mich nie gemocht hatte, schrieb an mich wie an einen erwachsenen Mann, ich möge ihm doch seinen Sohn zurückschicken. Ich fühlte mich geschmeichelt und verantwortlich.

Es vergingen Wochen. Unser Geld war fast verbraucht. Ich wanderte jeden späten Nachmittag zum Engelufer. Da wurden immer Nummern aufgerufen für feste Stellen oder Aushilfe. Eines Tages rief der Mann im Arbeitsnachweis eine Hilfe in einer jüdischen Bäckerei in der Grenadierstraße aus, wo Bedingung war, daß man Barches flechten konnte. Er rief viele Nummern aus, die diese Kunst nicht verstanden. Dann wurde meine Nummer ausgerufen, und ich nahm die Arbeit an. Man erklärte mir, wie ich in das Scheunenviertel käme, und plötzlich war ich mitten in Berlin in einer Gegend wie Lemberg. Lothringer Straße, Schönhauser Tor stieg ich aus. Grenadier-, Dragoner-, Mulackstraße, Ritterstraße, Schendelgasse – da gab es noch keinen Bülowplatz, keine Volksbühne. Kleine, enge, finstere Gäßchen mit Obst- und Gemüseständen an den Ecken. Frauen mit bemalten Gesichtern, mit großen Schlüsseln in den Händen strichen herum wie in der Zosina-Wolja-Gasse in Stanislau oder in der Spitalna in Lemberg. Viele Läden, Restaurants, Eier-, Butter-, Milchgeschäfte, Bäckereien mit der Aufschrift „Koscher". Juden gingen herum, gekleidet wie in Galizien, Rumänien und Rußland. Die keine Geschäfte hatten, handelten mit Bildern und Möbeln auf Abzahlung. Man ging hausieren mit Tischtüchern, Handtüchern, Hosenträgern, Schnürsenkeln, Kragenknöpfen, Strümpfen und Damenwäsche. Andere wieder gingen von Haus zu Haus, alte Kleider kaufen, die Großhändler wieder kauften und an die alte Heimat lieferten. Die meisten aber in dieser Gegend waren Arbeiter und Arbeiterinnen, die in den Zigarettenfabriken von Manoli, Garbaty oder Muratti beschäftigt waren. Da war auch ein reges, gesellschaftliches Leben. Die Frommen hatten verschiedene Gebetshäuser, nach ihren Sekten, nach ihren Rabbis benannt. Da gab es Zionisten aller Schattierungen. Da gab es Sozialrevolutionäre, Sozialisten, den „Bund“ und Anarchisten. Es gab auch Theater und Sänger. Im Königs-Café in der Münzstraße trat der Komiker Kanapoff auf. Und das Restaurant Löwenthal in der Grenadierstraße, nahe der Münzstraße, hatte eine Bühne und spielte Theater. Da traten kleine Schauspieler und Statisten auf von den guten Theatern in Rußland, Rumänien, Galizien und priesen sich mit Riesenlettern und Klischees auf den Plakaten als berühmte internationale Stars an. – Mein Freund und ich mieteten uns eine Schlafstelle in der Lothringer Straße am Schönhauser Tor, wo wir acht Schlafburschen in einem Zimmer schliefen. Ich bekam Arbeit bei Scholem Grünbaum in der Grenadierstraße und fühlte mich bald zu Hause in diesem Berlin. Mein Freund bekam auch eine Stelle bei einem Althändler, der einen Trödelkeller hatte, und alles, was er kaufte oder verkaufte, hatte mein Freund aufzuschreiben. Er war ein älterer Mann, europäisch gekleidet, der mit Tochter, Schwiegersohn und Enkelkind zusammen lebte. Eines Tages kam mein Freund zu mir, kreidebleich und verstört, und erzählte mir, daß der alte Mann sich mit ihm im Keller immer einschließe, ihn küsse und betaste und verlange, auch er solle ihn anfassen. Das war schon ein paarmal geschehen. Mein Freund hatte erst gedacht, es sei nur so ein großstädtischer Scherz – aber der Alte würde immer zudringlicher. Jetzt weinte und schluchzte mein Freund, er habe solche Angst vor diesem Menschen, und es ekle ihm vor alledem. Heute bekam er auch noch einen neuen Brief von seinem Vater, der ihn wieder anflehte, doch nach Hause zu kommen. Die ganze Flucht samt dem mitgenommenen Gelde sei längst vergessen. Als Zeichen der Versöhnung schicke er ihm jetzt neues Reisegeld. – Er hatte auch wieder einen Brief an mich beigelegt, in dem er mich bei meinem Vater beschwor, ich möge ihm doch seinen zarten, hilflosen Sohn wieder nach Hause schicken. Mein Freund machte alles von mir abhängig, und ich kam mir plötzlich erwachsen und überlegen vor und schickte einem besorgten Vater einen mit Heimweh erfüllten Sohn zurück, in dessen Augen Berlin in einem alten Mann verkörpert war, der sich vor ihm entblößte und ihn küßte wie ein Mädchen. „Nein“, sagte er, „in so einer Stadt kann man ja nicht leben.“ So fuhr er heim. Und da Berlin mich in dieser Beziehung in Ruhe ließ, blieb ich gerne da.

(aus: Alexander Granach, Da geht ein Mensch. Autobiographischer Roman, erschienen im Gustav Kiepenheuer Verlag, Weimar 1966)

Joachim Seyppel

(um 1930)

Mittags war der Einzelhandel beliefert, der umgitterte Stand wurde geschlossen, und Onkel Theo sagte: „Jetz is Ssluss! Jetz hab ik Feierabend!" Er zog Bubi in die Münzstraße und kaufte ihm im noch heute existierenden Hutladen eine richtige „Ssiebermütse". Erst mit dieser Schiebermütze sah Bubi wie ein „richtiger Menss" aus; die Mutter freilich, nachdem sie aus Swinemünde zurückgekehrt war, befand, ihr Söhnchen sehe wie ein „Lude" aus und gab ihm einen „Zungenkuß": steckte ihr Zünglein in Bubis Mündchen, schmatzte und schnalzte, lachte dann fröhlich, als wäre nichts gewesen, und der Vater sagte: „So was hört mir auf, verstehst du, Emmy?!"

Zunächst aber zottelte Bubi stolz mit der schief aufgesetzten Mütze („schief is' englisch, und englisch is' modern") durch die Grenadierstraße und blieb neben dem Onkel vor einem Laden stehen: einem faszinierenden, aber auch abstoßenden, ganz seltsamen Laden, wie es sonst keinen gab. „Ach", sagte der Onkel und Bubi wußte nicht, ob er es abfällig oder bewundernd meinte, „das ssind galizisse Juden!" Niemzek, der hinter ihnen hergelaufen war und sie jetzt einholte, stellte zur Diskussion, ob „galizisse" Juden dasselbe seien wie „assimilierte" Juden. Jedenfalls gab er sich stets größte Mühe, nicht antisemitisch zu wirken, doch rutschten ihm oftmals verdächtige Redewendungen heraus (offenbar noch in Schlesien gelernt) wie, „nur keene jüdische Hast" oder „hier jehts ja zu wie in ne Judenschule" (wenn Bubi zuviel Krach machte)...

„Nee", erklärte er jetzt selbstbewußt und rückte mit den

Daumen die Hosenträger zurecht, „jejen die Plattfußindianer hab ick nischt. Ick hab ooch nischt jejen Katholische wie Sie, Herr Bas, an sich bin ick ja selber protestantisch, obwohl ick jetzt jottlos bin, ick hab ooch nischt jejen den hebräischen Zweig bei den Dollfußens, mir kommt et eben bloß uff den Klassenstandpunkt an, da seh ick druff!“ Und ein jüdischer Arbeiter sei ihm genauso lieb wie ein christlicher, fügte er, selbstbewußt, hinzu.

„Haben Sie mal einen jüdissen Arbeiter gesehn, Niemzek?“ fragte Bas nicht ohne Schärfe.

Der Laden aber, vor dem sie hielten, nannte sich „Hebräische Buchhandlung“. Im Fenster Tallith oder Gebetstuch, Thora, Jamulke zur Bedeckung des frommen Kopfes, neunarmige Leuchter oder Menoah für Chanuka. Auf dem Schaufensterglas unheimliche, wie falschrum geschriebene Zeichen. Am Mauerwerk stand mit weißer Farbe, noch vom Vorgänger, „Eier Butter Biere tägl. 2 x frische Backware“. Das Unheimlichste jedoch war oben an der Mauer das Plakat: mit dem Kopf eines Tieres, vielleicht einer Meerkatze? Die Pfoten hatte es auf einen Kasten gepackt, über der schwarzweißen, spitzen Nase trug es eine Brille – Himmel, Gesicht eines blutsaugerischen Gespenstes, eines Vampirs! Rings auf dem Bürgersteig standen mysteriös verkleidete Männer mit schwarzem Schlapphut, in dunklem Rock, vollbärtig, bleich, kohleäugig, fanatisch. „Sie mauscheln!“ erklärte Niemzek gedämpft. „Die jiddeln“, setzte Bas hinzu. „Aber deine reiche Mischpoche in Steglitz, Bubi, die kommt wo' nie herher, wat?“ fragte Niemzek bösartig. Bubi wußte nicht genau, was gemeint war, aber hatte eine Ahnung, daß mit „reicher Mischpoche“ die Kinobesitzer, die Inhaber der Albrechtshof-Lichtspiele gemeint sein konnten.

„Diese Galizier werden wohl niemals risstiss deuts lernen!“ empörte sich der Holländer Bas.

„Trotzdem die alle aus Polen kamen“, widersprach Niemzek, „hat die rote Rosa aba janz schön deutsch schreibn jelernt, Herr Bas!“

Quintaner Bubi von der Oberrealschule mit Reform-Realgymnasium Elisenstraße, der nun statt brauner Schülermütze eine Schiebermütze trug, wollte aufbegehren; es müsse doch „obwohl" statt „trotzdem" heißen. Aber er verkniff sich seine Besserwisserei, als er in das plötzlich von großem Haß erfüllte Gesicht Niemzeks blickte. Starrte, seltsam verwundert, auf Kerzen im Schaufenster, Seidentücher, Magie, das Wort „Kunststickerei" über verkehrten Lettern, lauschte gutturalen Stimmen, roch Knoblauch, schmeckte Salziges auf den Lippen, zeitverloren vor diesem Guckkasten einer fremden Welt, heimlich anziehend, unheimlich abstoßend, in Furcht und in Neugier, alles so tief in sich einsaugend, so fest, so unwiderruflich in sich bindend, daß er später, als er im Krieg in einem Polenstädtchen lag, abends ungesehen ins Ghetto schleichen mußte, angezogen so unwiderstehlich, daß er die Mädchen anstarrte, brennend und in Selbstverzehr, daß er fühlte, wie er sich verliebte, daß er diese Stimmung, diese Leidenschaft weitertrieb und sich vergaß vor der vierzehnjährigen, vollreifen, rotbäckigen, von Brot und Salz lebenden, langzöpfigen Esther, ihren doch eher abstoßend nach Lauch riechenden Mund küßte (immerhin, bei Gefahr seines Lebens, „Rassenschande", immerhin mit dem Mund), und dann, noch später, nach dem Krieg, nach der Gefangenschaft, nach Auswanderung eine in New York von zwei galizischen Juden in die Neue Welt gesetzte Jessica heiratete, zwei Kinder mit ihr zeugte, die Jüdin zurück in die Alte Welt, nach Berlin verschleppte, ihr Dragoner- und Grenadierstraße zeigte (die allerdings umbenannt worden waren), Straßen, die ihre Eltern auf der Wanderung von Polen über Deutschland nach Amerika passiert hatten, und sich dann von ihr einer anderen Frau wegen trennte, nachdem er sie noch, wie schrecklich, „jüdisches Schwein" geschimpft hatte: ein Wort, das Bubi, als er versunken vor der Hebräischen Buchhandlung neben Onkel Theo und Niemzek stand, plötzlich von zwei in Braun gesteckte Lümmels hörte, die auf Kaftane, Jamulkes,

„Judenschweine" einprügelten, bis sich Niemzek dazwischenwarf und die Braunen durch sein gezücktes Taschenmesser vertrieb.

Onkel Theo aber hatte Bubi schnell weitergezogen und Niemzek im Stich gelassen. Beim Onkel dann in der Koblanckstraße schaute Bubi aus dem Fenster hinüber ins Wohnzimmer der Juden, die galizischen Pogromen oder Pogromen in der Grenadierstraße entkommen waren und am Sabbat bei Kerzenschein um den Tisch saßen, während draußen, unten auf der Straße, der Mob brüllte: „Juda verrecke!" Onkel Theo kommentierte: „Die sseissen auf die Judenrepublik! Das wird ihnen noch mal teuer zu sstehen kommen!"

(aus: Joachim Seyppel, Die Mauer oder Das Café am Hackeschen Markt. Roman, erschienen im Limes Verlag, Wiesbaden und München 1981)

Heinrich Mugdan

(1942)

Mittwoch, 12. August 1942: Nachmittags zu Großmama. Fand sie gegenüber vorigem Jahr gealtert, unruhig, sprunghaft. [...]

Dienstag, 18. August 1942: Großmama hat die Benachrichtigung, daß sie wegkommt. Eine Dame von der Gemeinde hat ihre Personalien aufgenommen, ihr eine Nummer Th. 4069 hinterlassen (von uns wohl richtig als Theresienstadt gedeutet). – Nun geht alles seinen unerbittlichen Gang. Wir überlegen noch einmal: Neckargemünd? Heidelberg? Am Abend und nach Überdenken in der Nacht scheint Brunnengasse möglich und das beste. (In der Brunnengasse in Heidelberg wohnte jahrelang L.N. bei einer Wirtin, die den großen Vorzug hatte, taub zu sein.) Zum Abendessen Lutz Heuss – wir spielen die Unbefangenen.

Mittwoch, 19. August 1942: Zum Mittagessen bei Großmama. Sie beginnt zu richten und zu packen. Ich spreche von der Brunnengasse. Erst geht sie kaum darauf ein. Am Ende mache ich den Vorschlag nochmals dringlicher. Sie scheint danach zu greifen – doch weist sie ihn am folgenden Morgen weit von sich: „Was, wenn ich sterbe?" Abends nach dem Essen mit (meiner Kusine) Liesel bei Walter zu Besuch... Gespräch von allerlei, in Gedanken nur Großmama.

20. und 21. August 1942: Bei Großmama, die weiter mit den Dingen beschäftigt. Ich lerne bei ihr verschiedene Freunde kennen in diesen Tagen: Frau Pascher, Frau Professor Ziegler, später noch Fräulein Stapel und Fräulein Gerhardt. Dann sind da die Hausleute („arischer" Hausmeister, Heizer etc.), die mir mehr oder minder ziemlich mißfallen, Herr Remer, der alles nur Greifbare fortschleppt, Frau Räder, die das Geschirr bekommt. – Inzwischen laufen Ernsts Anstrengungen bei Justizrat Bollert (die Behörden zu einer Zurückstellung Großmamas von der Deportation zu veranlassen). Es kommt kein Bescheid. – Die andere Ausflucht: Krankheit. Es bedrückt Großmama, daß sie die Kranke spielen soll, obwohl sie es wieder nicht entschieden von sich weist, im Augenblick der Gefahr sich wohl dazu fähig fühlt. Aber sie „kann" sich nicht ins Bett legen.

Samstag, 22. August: Ich bin nicht bei Großmama, wohl aber Edith und Ernst. Da ereignet sich der nächste Schritt: die Auflage, zum 31. August die Wohnung zu kündigen und alles zur Übersiedlung in ein „Altersheim" vorzubereiten. Geschirr und Kleider, soweit nicht persönlicher Bedarf, sollen von der Gemeinde abgeholt werden, die Möbel schließlich verzeichnet und auch beschlagnahmt werden. – Damit ist schon der äußerste Termin gesetzt: die Bedrängnis wird immer größer.

Inzwischen war ich nachmittags mit Liesel draußen am Wannsee paddeln mit Walters Boot. Abendessen in der Stadt im „Fürstenhof". Liesel geht dann nach kurzer Station in der Carmerstraße weg. Ich zu Bett, ehe die anderen zurück. Höre dann Ernsts Bericht.

Sonntag, 23. August: Ungünstiges Wetter vereitelt – zum Glück – Sonntagswanderpläne. Ich bin gegen Mittag bei Mommsens. Das Gift. (Ich hatte aus dem Labor für alle Fälle Kaliumcyanid bereit und Großmama auf ihre Bitte davon geschickt). Wie man auf einmal menschlich viel stärker zueinander kommt. – Mittagessen mit Edith, Ernst und Walter im chinesischen Restaurant auf der Kantstraße. Nachher zu Großmama. Sie wird immer entschiedener in ihrer grundsätzlichen Haltung. Schade nur, daß ihr die Sorge um die Sachen keine Ruhe läßt. Vielleicht ist's freilich auch gut und richtig so, da kommt sie nicht zu viel zum Nachdenken – über Tag, denn nachts schläft sie natürlich kaum. Ich versuche, sie abzulenken auf die alten Dinge, Erinnerungen hin.

Lese aus den alten Gedichten, der Chronik Joachim Mugdans, dem Gästebuch – aber nie läßt sie sich lange dabei halten, da fällt ihr wieder etwas ein, das versorgt sein will. – Nach dem Abendessen kommen Ernst und Edith. Wir spielen eine Runde Rommé, trinken ein Gläschen Wein dazu, der leider sauer geworden ist. – Mein Vorschlag, zur Nacht dazubleiben, wird für diesmal noch nicht angenommen: „Morgen." Am frühen Nachmittag schickt mich Großmama mit einem Pack zu Paschers, Tangastraße 11. Ich irre dort von Bahnhof Putlitzstraße wohl eine Stunde umher, finde dann in Paschers (sie kannte ich schon: also ihn und der Tochter von ca. 20 Jahren) sehr nette Menschen. Der Garten. Die Dahlie „Susanne". Die Kirschen. Frau Paschers Ungefaßtheit. Inzwischen ist Großmama schon in großer Sorge um mich, da auch die anderen zu spät kommen.

Montag, 24. August: Meine Fahrt hinaus verzögert sich etwas. Zwischen Bahnhof und Güldenhofer Ufer (Nr. 10, Großmamas Wohnung) begegne ich Frau Pascher, die überladen nach Hause zieht, mich sehr herzlich grüßt. – Inzwischen hat die Post den nächsten Schrieb gebracht. Wieder von der Gemeinde abgefaßt. Spricht zunächst nur von einem „Berliner Altersheim" – Gormannstraße 3 – von Gepäck, das transportiert werden solle usw. Abholungstermin: Donnerstag, ab 13 Uhr. Ich beschließe, mich bei der Ausgangsstelle, (der Jüdischen Gemeinde) Oranienburger Straße, näher zu erkundigen, obwohl Großmama zunächst hartnäckig den Zweck dieses Unternehmens nicht einsehen wollte; sie sollte recht behalten. In der „Zentralstelle Altersheime" wird mir die Hauptfrage: „Zwischenstation oder Dauer?" ausweichend beantwortet, doch ist der Ton der Auskunft sprechend genug. Der Versuch am „Wohnungsamt" mehr zu erfahren, scheitert daran, daß man mich überhaupt nicht hineinläßt. Ich rufe an. Der ungeduldige Herr Adler: „Sie können schneller sprechen, ich habe keine Zeit." Auf meine Frage, ob noch private Unterbringung denkbar: „Nein, behördlich verboten. Sie können sich doch denken, daß die Maßnahme mit der Abwanderung in Zusammenhang steht." Bei der Gormannstraße „Nur Zwischenstation". – Ich bringe Ernst den trostlosen Bescheid ins Büro, fahre dann wieder hinaus. Bleibe über Nacht. Wie rührend – wie alt Großmama ist, im Nachthemdchen, das Haar zu einem dünnen Zöpfchen geflochten, der Mund ohne Gebiß erschreckend eingefallen, die Sprache mühsam. Ein wenig ist ihr's peinlich, daß ich da bin, sie möchte selbst alles im Zimmer fertigmachen: Verdunklung, Fenster auf. Dann ist ihr's aber doch wohl auch beruhigend. Denn ich höre sie sehr bald den tiefen Atem des Schlafes atmen. Ich liege noch lange wach, wache morgens früh auf und kann nicht verhindern, daß meine Gedanken um das Ende kreisen.

Dienstag, 25. August: Während ich morgens zur „Wohlfahrtsstelle" telefonieren will – für Frau Bernheim (die über siebzigjährige schwatzhafte und unordentliche Frau Bernheim war außer dem „gemischten" und daher einstweilen unbehelligten Ehepaar Garten in Großmamas Wohnung zwangseinquartiert und hatte ebenfalls den Auszugsbefehl erhalten) – kommt eine Dame ins Haus, die ein Verzeichnis von Hab und Gut aufstellt, außerdem Gutes über Theresienstadt berichtet, sagt, daß das Gepäck abgeholt wird und alles mitgenommen werden darf an persönlichem Bedarf – außer Büchern. „Und was denkst du darüber?" – „Ach, das hat mich doch nicht im geringsten tangiert. Das kommt doch für mich gar nicht in Frage. Ich bin dort tot für euch, und für mich ist's kein Leben mehr. Ich hätte gern noch gelebt, so wie es hier zuletzt war. Ich habe wirklich viel Freude daran gehabt. Es war wie eine zweite Jugend. Und ich habe mir noch so viel vorgenommen zu lesen. Den Faust und den Hamlet wollte ich noch einmal lesen, wie jedes Jahr. Und meine Handarbeiten: den Pullover für Irene aus Angorawolle hätte ich noch so gerne fertiggestrickt. Und ein Netz habe ich auch wieder angefangen zu filieren (wie viele hat sie in diesen Tagen verschenkt!). Und ich habe solche Freude am Kochen gehabt.

Früher habe ich doch nie gekocht. Und ich glaube, ich hätte sehr gut kochen lernen können. Ich habe wirklich ein schönes Leben gehabt bis zuletzt. Aber dort – fern von meinen Lieben und nichts voneinander wissen, das möchte ich nicht." Das war der Inhalt manchen Gesprächs. Immer klarer ging sie auf das Ende zu. Von der Aktion Bollert versprach sie sich nichts. Und wirklich, er hätte auch nur ungewissen Aufschub erzielen können. Das wollte sie nicht, immer neuer Bedrohung sich aussetzen. Auch das Kranksein hätte nichts Besseres bedeutet. Man hätte sie günstigstenfalls ins Krankenhaus gebracht, wo sie nicht sicherer gewesen wäre. – Jetzt nachträglich scheint es, als wäre es bei der unklaren Zuständigkeit der einzelnen Stellen doch für sie möglich gewesen, in der Wohnung zu bleiben: freilich, wie lange? Möglich, daß noch eine Reihe ähnlich scheinbar friedlicher Tage ihr beschieden gewesen wären. Aber wahrscheinlich ist's nicht, und sie war den Weg zum Tode innerlich in dieser Woche so weit vorgeschritten, daß sie sich doch nie mehr recht hätte zurückfinden können, wo es keine Sicherheit für sie gab. Der Entschluß ward immer unbeirrbarer, keine Verlockung konnte ihn mehr erschüttern, unbeschadet der Freude am Schönen, am Leben, die bis ganz zuletzt anhielt. Aber zu einem abenteuerlichen Dasein – jede Fortsetzung wäre ein solches gewesen – wäre nach dieser Erschütterung wohl ihr Herz rein physisch nicht mehr im Stande gewesen.

Abends war Ernst zum Essen da. „Ich komme mir vor wie ein gemeiner Mörder." Großmama: „Im Gegenteil, die Alten haben es als den größten und höchsten Freundschaftsdienst angesehen, dem Freunde in Not den Tod zu geben." In diesen Tagen suchte sie sich die Stelle in der Apologie des Sokrates, wo er vom Tode spricht: „Die Menschen reden vom Tod, wie wenn sie wüßten, daß er das größte Übel ist, mir aber ist nicht gewiß, ob er nicht vielleicht das höchste Gut sei..." Ernst will davon nichts wissen: der Tod ist ein grausames Ende, eine Grenze, jenseits deren kein Zurückblikken, keine Verbindung zu den Lebendigen mehr möglich ist.

Mittwoch, 26. August: Der Tag beginnt bald mit großer Unruhe. Die Bernheim packt verzweifelt und muß sich wohl wundern, daß wir nichts dergleichen tun, ist aber völlig in ihren eigenen Sorgen absorbiert. – Als erster kommt ein junger Mann, um das Gepäck abzuholen, anständig, ruhig, obschon arisch. Er tut das ständig. Läßt Frau Bernheim ruhig zu Ende kramen und bringt dann ihr Gepäck weg – hätte sie auch gleich mitgenommen, wenn sie gewollt hätte. Gegen elf Uhr kommt Edith. Ich lasse die beiden allein, besorge Essigessenz, telefoniere an Ernst, was unerhört lang dauert. [...] Bald nach meiner Rückkehr kamen zwei Leute, beide sehr anständig, einer von der Gemeinde, ein anderer, um für die Gemeinde das Bereitgestellte abzuholen. Wir hatten nichts bereit. Da aber die Leute klar sagten, daß, was sie nicht holten, der G. (Gestapo) verfiele, so war doch auch Großmama bereit, ihnen zu geben. So war's eine große Unordnung in der Wohnung. Edith half tüchtig mit, unter anderem etwas Geschirr aus der Küche zu verpacken. Endlich war auch das vorbei. Großmama hatte sich sehr aufgeregt und konnte nichts recht anfangen. Zu kochen brauchte sie zum Glück nicht viel, da vom Vorabend noch etwas aufzuwärmen war. Nachmittags war sie auch lange nicht zu ruhigem Sitzen zu bewegen. Erst später konnte ich ihr dann ein wenig vorlesen. Wir hatten unter den alten Sachen das kleine Stückchen gefunden, das Tante Berta zu Großmamas 70. Geburtstag verfaßt, Stenzels und ihre Freunde aufgeführt hatten: von der rastlosen Tätigkeit der überall benötigten Großmutter, vom Treuenfelsschen Radio, das über Paschkis an den Trunkenbold K. geriet usw. Großmama konnte sich richtig herzlich darüber freuen und hatte viele Einzelheiten zu erklären und zu erzählen. Ich wollte die gute Gelegenheit ausnutzen, uns weiter in unsere „Chronik" zu vertiefen, die uns gestern abend nach Ernsts Weggang noch ein

Stündchen in die schönere Vergangenheit geführt hatte. – Da kam Ernst, Großmama wurde gleich wieder unruhig. Ich kümmerte mich inzwischen um das Abendessen, das Frau Garten bereiten wollte. Sie kochte uns auch wirklich ein treffliches Gericht: Bratkartoffeln und Gemüse und Schnitzel dazu – für die letzten Marken. Nach dem Essen spülte ich noch mit Ernst Geschirr ab. Inzwischen traf Großmama Vorbereitungen für ihr Lieblingsgericht: geschlagene Eier. Frau Remer hatte ihr zwei Eier gebracht, und die half ich ihr nun schlagen; das Gelbe für sich mit Zucker, und das Weiße als Schnee dazu. Das eine Ei war goldgelb, das andere blaß, und wir verteilten beide über drei Tassen, nach Menge und Farbe gleichmäßig. „So nun habt ihr noch mein Lieblingsgericht gegessen. Das habe ich mir oft als Abendessen gemacht mit Butterbrot dazu, das schmeckt prächtig: aber ich weiß ja nicht, ob ihr's mögt. Das wollte ich euch doch noch als Speise machen. – Meine Henkersmahlzeit." – Es schmeckte wirklich wunderbar. Während ich noch aufräumte, las Großmama Ernst aus der Bibel vor: „Alles ist eitel..." (Prediger). Dann setzten wir uns zu dritt um den gewohnten Tisch zur stillen Lampe. Ich holte uns Lektüre. Und dann las ich noch einmal Tante Bertas Stück vor, das Großmama so sehr erheitert hatte und auch jetzt seine Wirkung nicht verfehlte. Inzwischen war es elf Uhr geworden und Zeit für Ernst, Abschied zu nehmen. Ich machte mir derweil in der Küche zu schaffen.

Als er gegangen war, und ich mit Verbrechergefühlen wieder zu ihr eintrat, stand sie erschöpft da. Doch faßte sie sich bald: „Der Ernst ist zu weich. Wir wollen stark sein bis zum Ende." Unvergeßlich die Gebärde, mit der sie das sprach: ganz antike Würde und Kraft. – Wir saßen dann noch eine gute Stunde, sie erzählte von früher, von ihrer glücklichen Kindheit, ihrer liebreizenden Mutter; dann sprach sie von ihren eigenen Kinderchen, dem unbändigen und doch nach des Vaters Tod so gut lenkbaren Franz, der klugen Berta, den reizenden Zwilligen, ihren Lieblingen.

Und dann wieder fragte sie nach mir. Es war ihr tröstlich zu hören, daß ich – trotz allem – an das Leben glaube, daß ich irgendwie auch hoffe. „Das ist recht, daß du nicht so hoffnungslos bist wie Ernst." – Einmal fiel ihr der Theklamonolog ein, und wir suchten uns die Stelle im Wallenstein, d.h. sie suchte sie: erstaunlich wie sie diese Dinge im Gedächtnis bewahrt hat. Den Wallenstein hatte sie noch kürzlich wieder gelesen. „100 Schiller-Gedichte habe ich auswendig gewußt und kann sie noch so ziemlich." Auch hierin bewundernswert.

Dann, es war gegen 1 Uhr, wollte sie zu Bett gehen. Da fielen ihr zwei Pfirsiche in der Obstschale auf. „Ach, die wundervollen Pfirsiche. Die wollen wir noch essen." Während wir uns am runden Tisch dazu bereitmachen, bläst die Sirene Alarm. Gartens bewegen sich draußen, und ich muß Großmama, die nichts gehört hat, es schließlich sagen. Erst wird sie unruhig. Dann aber setzen wir uns und verspeisen unseren Pfirsich, haben das Lämpchen ins Zimmer zurückgestellt. – Nun rüstet sich Großmama für die Nacht. Dabei fällt ihr wieder und wieder etwas aus dem Besitz ein: „Aber du weißt das ja sehr gut, was und für wen. Was du tust, ist wohlgetan." – Du Liebe, Gute. – Es ging auf zwei Uhr. Großmama wollte eben ins Bad, da kam schon die Entwarnung. Und dann wusch sie sich aufs gründlichste, während Gartens draußen wieder heraufkamen und dann verschwanden. Sie zog ihr vorbestimmtes Sterbehemd an, flocht ihr Haar, nahm die Zähne heraus und legte sich zu Bett. Vorher aber hatte sie noch mit erhobenen Händen um die Kraft zu diesem Letzten gerungen. „Gott war mir immer gnädig. Ich habe immer beten können. Und auch jetzt kann ich's." – Und sie betete lange und hörbar, während ich mit schlechtem Gewissen am Fenster stand, die Verdunklung hochzog und den vollen Mond ins Zimmer scheinen ließ. „Es ist so schön draußen. Der Mond ist noch zu sehen." – „Dann muß ich ihn mir noch einmal anschauen." Und sie kam und trank noch einmal mit vollen Zügen die reine Luft, nahm die

Schönheit mit ihren Augen auf. „Füllest wieder Busch und Tal… kann man da wirklich sagen"… „Oh sähst du, voller Mondschein zum letzten Mal auf meine Pein", hatte sie gestern zitiert. Dann geleitete ich sie zum Bett zurück, sie nahm eine starke Dosis Schlafmittel und konnte doch nicht einschlafen, wie sie so bereit lag zum Letzten. „Ich bin noch ganz wach." – „Quälst du dich denn?" – „Nein, ich bin ganz ruhig, ich bete für euch alle. Ich bin ganz sicher, daß es wirkt. Es wird euch einmal besser gehen." – „Ich schlafe gar nicht." – „Aber wir haben doch noch so viel Zeit, die Nacht ist noch so lang. Und ich möchte, daß du friedlich einschläfst." – „Warum willst du mir's denn so leicht machen? Dafür muß ich dir noch einen Kuß geben." Endlich legte sie sich, wie gewohnt, zur Seite und schlief ein. Welche Gefühle.

Donnerstag, 27. August: Der vergebliche Versuch mit dem Einatmen (von mit Hilfe des Essigs erzeugten Blausäuregas). Um vier muß ich sie wecken, trinken lassen. Die schrecklichen Minuten bis 4.13 Uhr. Die letzten Dienste. Die Stunden bis zum Morgen, wo ich noch bei ihr sein darf, sie umarmen. Die Kerze, die, fast verzehrt, noch immer flackert all die Zeit. Endlich, wie ich die Augen aufschlage, tagt es schon. Drüben regt es sich. Kurz vor sieben Uhr verlasse ich die Liebe, rufe den Arzt an und Ernst. Dann packt es mich. Droben Frau Garten… „Großmutter lebt nicht mehr." – „Das geht nicht mit rechen Dingen zu." Und dann die Verrichtungen dieses trostlosen Morgens, der mit so heller Sonne ins Zimmer drang. Aufräumen. Packen. Ernst. Um zehn Uhr Dr. Sonntag. Ernsts unvorsichtiges Wort von „Freitod", das den gewissenhaften Mann nichts anderes schreiben läßt. – Die Komplikationen auf der Polizei. Der Kriminalbeamte. – Die Koffer. Die „Abholer", denen ich auf der Treppe begegne. Schon vorher hat man sie geholt, während ich drunten war. – Frau Bernheims Abgang. – Nach kurzem weiterem Aufräumen erschöpft. Frau Garten macht mir Kaffee, ich esse ein paar Brote, fühle mich etwas stärker. Wir gehen. Da überkommt's mich mit Macht. Im Freien. Am hellen Tageslicht. „Daheim" ins Bett. Schlafen. – Abends Liesel nur kurz, allein. Klavier: Bach.

Freitag, 28. August: Draußen (in Großmamas Wohnung) aufgeräumt. [...]

(aus: Heinrich Mugdan, Aus meinem Tagebuch; in: Jüdisches Leben in Deutschland, erschienen in Deutsche Verlags-Anstalt, Stuttgart 1982)

Heinrich Goertz

(um 1933)

Auf meinen Wanderungen über verregnete Rummelplätze, durch Wärmehallen und Hallenbäder, Museen und halbleere Tageskinos begegnete ich immer wieder denselben Menschen, umherstreunenden Außenseitern wie ich. Zwischen Jannowitzbrücke, Spittelmarkt, Oranienburger Tor und Lustgarten wimmelte es von Suchenden, Weltverbesserern und verkrachten Genies, die unaufhörlich unterwegs und miteinander im Gespräch waren. Kannte man einen, kannte man bald alle. Sie tauchten auf im trüben Schein der Schaufenster, hockten beisammen in einer Dachkammer oder auf den Stufen des Pergamonaltars und diskutierten die Lage. Einige verschafften mir Eingang zu Leas Dachboden.

Einen Steinwurf nördlich vom Alexanderplatz, in der Landsberger Straße, gelangten wir durch einen Torbogen auf einen schmalen Hinterhof, und dort, rechter Hand, führte eine eiserne Wendeltreppe in einem steinernen Halbrund in die Stockwerke des Seitenflügels. In jeder Etage lagen leere Fabrikräume, nur in der obersten Etage, unterm Dach, herrschte Leben. Hinter der Eingangstür zweigten zu beiden Seiten Zimmer ab, dann öffnete sich eine ineinander verschachtelte Flut von Ateliers, hohen weiten unmöblierten Räumen mit Schiebetüren, hinter denen sich andere hohe weite Räume mit Schiebetüren auftaten und so anscheinend bis ins Unendliche fort; nie bin ich bis in den letzten dieser leeren Säle gelangt.

Bevölkert wurde der Dachboden von Verwahrlosten, Entmutigten und Verfolgten oder auch nur Menschen, die auf der Suche nach einer Mahlzeit oder einem Ruheplatz für die Nacht waren. Immer neue Scharen aus dem unerschöpflichen Arsenal der Ausgebooteten, Gestrandeten und Abgebrannten, der gejagten Gottesstreiter und Atheisten, Kommunisten, Anarchisten, Juden mit und ohne Bart fluteten über den Dachboden, es war unmöglich, sie alle kennenzulernen. Vielleicht, daß sich das Dachgeschoß im Hintergrund verzweigte und mehrere Zugänge hatte und auch von den Speichern der Nachbarhäuser gespeist wurde; immer verwegenere Gestalten tauchten aus dem Dämmer und Gemäuer, und alle sahen aus, als seien sie gerade aus dem Gefängnis entwichen oder ihrer Verhaftung mit knapper Not entronnen. Nachts lagerten sie auf Decken oder auf dem blanken Fußboden nah der Heizung, denn o Wunder, die Etage war zentralgeheizt, und die Miete für drei Jahre vorausbezahlt worden, davon waren noch zwei Jahre übrig. In einem der Zimmer nahe dem Eingang hatte Theodor Plievier seine Bestseller *Des Kaisers Kulis* und *Der Kaiser ging, die Generäle blieben* verfaßt. Ehrfürchtig starrte ich auf die Stelle, wo aus zwei Böcken und einer ausgehängten Tür der Arbeitstisch des Schriftstellers aufgebaut gewesen war. Gearbeitet hatte Plievier nur nachts. Gleichzeitig hatte er seinem Freund Erwin Piscator die Frau weg- oder abgenommen; zum Dank dafür hatte der Theatermann vor seinem Weggang nach Moskau die Miete vorausbezahlt; so lautete die Überlieferung.

Im benachbarten Wallner-Theater hatte Piscator den für die Bühne eingerichteten dokumentarischen Roman von des Kaisers Kulis inszeniert – es wurden die widersprüchlichsten Anekdoten über das Schaffen und Treiben der jungen Genies kolportiert. Wie auch immer, wir hatten den Vorteil davon, nie ließ sich ein Verwalter oder Hausbesitzer sehen. Der elektrische Strom jedoch war nicht vorausbezahlt und längst abgesperrt worden, wir mußten uns mit Petroleum-, Kerzen- oder Mondlicht begnügen, was manchen willkommen war, ihre Physiognomien wurden steckbrieflich gesucht.

Der revolutionäre Schriftsteller war aus seinem Welterfolgsschaffen herausgeschleudert worden in die Emigration, nach Prag, und in seiner ehemaligen Bude hauste Lea, die Schwester von Manja, der früheren Lebensgefährtin Plieviers. Plievier und Manja hatten Lea die Etage zur Nutznießung hinterlassen, aber Lea wußte keine Miete einzutreiben, fast alle nassauerten, es war Zufall, wenn Lea mal ein paar Mark bekam – meistens von Leuten, die noch nicht wußten, daß man hier nassauern konnte. Lea ging jeder Auseinandersetzung aus dem Weg, man sah sie nie in den großen Räumen, sie verließ kaum das Bett. Von Plieviers Meublement war nur dieses Bett übriggeblieben, alles andere war einem Trödler verkauft worden, und dann lagen da noch in allen Ecken Hunderte von Belegexemplaren von des Meisters Werken, Übersetzungen in fremde, uns unverständliche Sprachen, manchmal ließ ein Besucher einen Band mitgehen, um ihn daheim still zu verheizen.

Lea war eine Dichterin, die jedoch nichts aufschrieb. Sie erzählte immer dieselbe Geschichte, aber jedesmal auf eine andere Weise, vielleicht war es auch jedesmal eine andere Geschichte, die sie auf die gleiche Weise erzählte. Lea legte Wert auf die Feststellung, daß sie nichts erfand, sondern nur nacherzählte, was sie gerade erlebt hatte. Dabei wußte jeder, sie ging kaum noch aus. Odaliske und Priesterin zugleich, wurde sie gefüttert von Freundinnen, die sie als eine Art Schutzgöttin und Orakel verehrten.

Lea war ein Naturtalent, und in ihrem Kopf verschoben sich die Bilder in einem fort wie die Bilder in einem Kaleidoskop. Sie begann ihre Geschichten als Alltagsberichte, die sich alsbald ins Phantastische erhoben. Lea begann leise aus der Unterhaltung heraus. Unsere Gespräche drehten sich um die soziale Not, mit der jeder zu kämpfen hatte. Aber mit einem Male redete nur noch Lea, und immer wieder fiel man darauf herein, ihr zu lauschen, als steuere sie praktische Erfahrung bei, aber Lea dichtete bereits.

Jeden Abend versammelten sich Zuhörer um ihr Bett. Es war ein Vorzug, hier vorgelassen zu werden, und viele mußte lange darum kämpfen. Ein Arbeiterehepaar kam regelmäßig. Diese beiden waren auch die einzigen, von denen Lea Miete bekam. Ein merkwürdiges Paar das, sie in einem farblosen Sackkleid, er in abgetragenem, aber sauberem Monteuranzug, zwei Mustermenschen mit unbeweglichen, leidenschaftslosen Gesichtern. Alles, was sie unternahmen, wurde vorher besprochen, sie legten einander ständig über alles Rechenschaft ab, was gewiß sehr ermüdend war; schon ihnen zuzuhören, strapazierte. Sie trugen ihre kleinen sachlichen Debatten auch vor anderen aus, zum Beispiel abends an Leas Bett, wenn Leas Inspiration mal stockte. Machte der eine dem anderen einen Vorschlag oder ihn auch nur auf etwas aufmerksam, betonte er zuvor, daß er nur etwas vorzuschlagen wünsche, keineswegs aber den Partner zu tyrannisieren trachte, ein jeder sei in seiner Entscheidung frei, und dann kam meistens die Nichtigkeit zur Sprache.

Sie arbeitete in einer Fabrik, hatte ein Angebot, ins Büro aufzusteigen, in den Mittelstand mit Gehalt statt Lohn, verzichtete jedoch, blieb ihrer Klasse treu, sagte, unter Arbeitern gäbe es mehr Kameradschaft und Wärme, Angestellte seien charakterlos, machten Überstunden ohne Bezahlung, rechneten sich schon zur gehobenen, zur herrschenden Klasse. Er, ohne Arbeit, fegte die Stube, kochte und wusch. In ihrer Stube, in die ich mal einen Blick warf, befand sich kein überflüssiges Stück, nicht nur, weil sie sich nichts Überflüssiges leisten konnten, sondern aus Überzeugung. Die Präservative wurden zur nachmaligen Verwendung ausgewaschen und zum Trocknen über das Ende eines Besenstiels gezogen. Sparsamkeit war Trumpf, den Kapitalisten durfte nichts geschenkt werden. Wann sie zusammen schliefen, wurde vorher beratschlagt, und immer ging es nur nach hygienischen und logischen Grundsätzen; Launen, Gefühle, jede Art von Subjektivismen waren verpönt.

Das alles war allgemein bekannt, wurde als neue Lebensform ernsthaft diskutiert, durfte nicht belächelt werden. Die beiden galten als Versuchspaar, das eine exemplarische Lebensweise auf einer höheren Bewußtseinsebene anstrebte, ohne persönliche Marotten, sachlich, mit stets kontrollierendem Verstand. In ihnen verkörperte sich wohl schon der Neue Mensch, von dem in sozialistischen Kreisen damals viel die Rede war.

Unter Leas Betreuerinnen taten sich Bertha und Hanna hervor. Bertha war verlobt, Hanna frei. Hanna lebte in der Dragonerstraße bei ihren Eltern äußerst beengt. Ihr Vater, Schneider, Ein-Mann-Betrieb, aß nur Kuchen und Hühnchen. Die Familie – Vater, Mutter, drei Töchter – wäre in Tarnow, Galizien, erschlagen worden oder verhungert. Anfang der zwanziger Jahre schloß sie sich den Auswanderern nach Deutschland an. Ich durfte mich bei ihnen nicht sehen lassen. Ich war ein Goj, ein ungläubiges, verächtliches Wesen, der Umgang mit mir wäre eine Befleckung gewesen, eine Sünde. Zwei Jahre lebte ich mit Hanna zusammen, ihre Eltern habe ich nie gesehen, nicht einmal von ferne. Wenn ich Hanna zu ihren Eltern begleitete, dann bis zur Haustür. Dort entließ sie mich mit einem verlegenen Lächeln. Die Eltern waren orthodox, ein Teil der Jungen vorurteilsfrei. Hanna und ich versicherten einander, daß wir uns nicht liebten, aber zusammenhalten wollten, solange dies notwendig sei. Allein konnte keiner existieren, gemeinsam brachten wir uns durch.

Zuerst arbeitete Hanna in einem Speiserestaurant in Pankow. Gleich am ersten Abend fragte ein Gast die Wirtin, ob die Serviererin etwa Jüdin sei. Auf ein Leugnen konnte es die Wirtin nicht ankommen lassen. Der Gast verlangte Hannas sofortige Entlassung, andernfalls er und andere Gäste das Lokal nicht mehr betreten würden, und Hanna wurde in die Küche versetzt, an den Spültisch, dort hatte sie alle Abende Unmengen Geschirr und Bestecke abzuwaschen. Das muß eine scharfe Lauge gewesen sein, in der

Hanna herumpanschte, jede Nacht bepinselte ich mit Glyzerin ihre aufgesprungenen Hände. Auch dieses Glück währte nur kurze Zeit. Durch den Küchenschalter erspähte jener Gast Hanna beim Tellerabwaschen. Prompt marschierte er an die Theke und verlangte eine Erklärung. Hanna wurde entlassen.

Was ich damals arbeitete? Nichts. Ich saß in einer großen Leere. Und in mir selbst war Leere. Indessen ging Hanna täglich zehn Stunden Anker wickeln. Sie war von der Jüdischen Gemeinde an eine kleine Nähmaschinenmotorenfabrik am Olivaer Platz vermittelt worden. Der jüdische Unternehmer war zufrieden mit ihr und sagte, sie habe nun eine Lebensstellung, und tatsächlich verdiente Hanna ein paar Wochen ganz gut. Dann gaben Menschen, die auf Ordnung sahen, eine Verfügung heraus, wonach jüdische Unternehmer nur noch Nichtjuden beschäftigen durften. Hierauf arbeitete Hanna in einem Café im Konfektionsviertel am Hausvogteiplatz, das kurz darauf pleite machte.

Eine Zeitlang lebten wir von Lebensmittelpaketen der Jüdischen Gemeinde (bis sie dahinterkamen, daß ich kein Jude war) und milden Freundesgaben. Hanna trug Bessergestellten unsere Notlage vor und bekam Tüten mit Nahrungsmitteln und gelegentlich auch etwas Geld. Auf diese Weise überstanden wir den Winter '33/'34 ganz gut. Wir hatten die Matratze an den Kachelofen gerückt und lagen dort unter einer Decke und Heinzens Mantel wie in einer Höhle.

Ihre Streifzüge unternahm Hanna meist nachts. Aufgewachsen in diesem Viertel, hatte sie zahlreiche Bekannte, die, um keine Hakenkreuzfahne sehen zu müssen, wie Fledermäuse nur nachts lebten. Auf Hannas Wunsch begleitete ich sie einige Male. Während sie hinter einer abblätternden Fassade der Steingasse oder Grenadierstraße verschwand, wartete ich vor der Tür, gähnend und ins Finstere starrend, auf der Türschwelle oder dem Bordstein kauernd. Ich hatte einen Rucksack auf dem Buckel und stopfte da alles hinein, was Hanna anschleppte. Man hätte uns für Diebe halten können. Die Tür unseres Zimmers war stets unverschlossen, und bald herrschte ein Kommen und Gehen bis in die Nacht. Irmchen kochte Tee und war unermüdlich im Einschenken und Nachgießen. Es bildeten sich, vor unserem Bett, Diskussionsgruppen. Von dem, was gesprochen wurde, verstand Irmchen kein Wort. Vom Bettrand im Halbrund amphitheatralisch ansteigend, umgaben uns gespenstisch hagere Gestalten, die obersten Gesichter verschwammen in Tabaksqualm. Über Hanna, die mit dem Rücken zu mir lag, hinwegfuchtelnd, stritt ich mit diesen Klassenkämpfern, die ihr Leben riskierten. Die Parteikommunisten wollten nicht wahrhaben, daß die Faschisten gesiegt hatten, sie sprachen von einem revolutionären Aufschwung unter der Decke der Diktatur und vom bald niedergezwungenen Monopolkapitalismus. Burschen, die viel herumkamen, versicherten uns, das faschistische Regime werde noch in diesem Jahr zusammenbrechen, an jahreszeitlich bedingten Versorgungsschwierigkeiten; sogar politisch Geschulte glaubten, die Faschisten würden vor den von ihnen unterschätzten Aufgaben schnell kapitulieren und den Demokraten die Regierungsverantwortung freiwillig zurückgeben.

Die Realisten waren überzeugt, die Diktatur könne nur noch von den auswärtigen Mächten beseitigt werden. Die Parteikommunisten bemerkten dazu, daß Hilfe von außen wertlos sei, wenn nicht gleichzeitig eine innere Erneuerung des deutschen Volkes einsetze, von unten, von der gesellschaftlichen Basis her, dem organisierten Proletariat, unter der Führung einer starken Partei. Und daß man diese Zukunft jetzt schon vorbereiten, in illegalen Zirkeln praktizieren müsse. Das war den Radikalen zu unbestimmt, sie wollten den Kampf noch nicht aufgeben, vorwurfsvoll blickten sie auf unsere Idylle am Kachelofen.

Wenn es vor dem 30. Januar nicht möglich gewesen war, die Faschisten zu schlagen, verteidigte ich meine Position, sei der Kampf gegen sie jetzt, da sie den ganzen militärischen und polizeilichen Machtapparat zur Verfügung hätten, nur mehr Selbstmord. Ich riet ihnen, sich für eine günstigere Zeit aufzusparen. Sie bestanden darauf, daß unabhängig von den Erfolgsaussichten, um der proletarischen Ehre willen, weitergekämpft werden müsse. Ich fand ihr Heldentum eitel, und sie nannten mich einen, der durch sein Nichtstun den Faschisten helfe. Mir war gleichgültig, wie andere über mich dachten, wenn ich nur vor mir selber bestehen konnte, und eben das konnte ich nicht, weil nicht wieder einzuholende Jahre der Entwicklung ungenutzt verstrichen.

(aus: Heinrich Goertz, Lachen und Heulen, Roman, erschienen im Paul List Verlag, München 1982)

Egon Erwin Kisch

(1922)

Soviel Unglück der Krieg auch gebracht hat, er hat doch wenigstens ein Gutes gehabt: Berlin hat sich auf sich selbst besonnen. Man kann doch nicht mehr gut das Programm der Kabaretts und der Modetheater mit den Geistesprodukten der Franzosen bestreiten, die den Frieden von Versailles diktiert haben, und man kann doch nicht in den Varietés die strampelnden nackten Waden englischer Chorusgirls beifällig beklatschen, nachdem England die deutschen Kolonien eingesteckt hat. Man kann aber auch nicht wohl – wenn man gegen die Härte der Friedensbedingungen protestiert und sich für zahlungsunfähig erklärt – da kann man doch nicht wohl Szenen und Lieder aufs Podium bringen, welche Champagner-Séparées oder die Boudoirs millionärischer Damen zum Schauplatz haben. Was bleibt also übrig? Übrig bleibt das Elend. Und so schauen sich jetzt allabendlich die Lebedamen und deren Besitzer das Elend an, welches – wie kabarettbekannt ist – den Vorteil hat, Schweinereien unverblümt und Brutalitäten ordinär und Verderbtheiten offenkundig auszusprechen, also höchst wirkungsvoll zu sein. Bei besonders starken Stellen schaut die Dame, die ihren erwärmenden Blaufuchs sorgfältig unter das verkühlende Dekolleté gelegt hat und der man nicht mehr ansehen darf, daß sie selbst aus den Armenvierteln Berlins stammt, erstaunt ihren Begleiter an: „Gibt's das wirklich in Berlin?" Und dieweil sie einen Schluck Champagner nimmt, um ihr „Entsetzen" hinunterzuspülen, nickt ihr jüngst aus Kattowitz eingewanderter Kettenhändler, befriedigt über seine Sachkenntnis am

Cherry-Cocktail saugend, Bejahung zu: „Ja, ja, das gibt's in Berlin, das ist sehr echt."

Um aber selbige Echtheit zu erzielen, hat man Berliner Fachleute und Künstler herangezogen, die in dem Milieu von Wedding und Scheunenviertel aufgewachsen sind und daher die dortigen Sitten und Gebräuche, die Eigentümlichkeiten der Lokalität und des Dialekts von klein auf beherrschen. So sind denn alle Texte dieser Pennen- und Kaschemmenlieder von Leo Heller (aus Teplitz) verfaßt, während für die ortsechte Vortragsweise und Inszenierung Herr Hans Janowitz (aus Podiebrad) haftet und die Darstellerin der Berliner Dirnen, Fräulein Olga Wojan (aus Prag), in Ton und Gehaben die wünschenswerte unerlernbare Berlinität hat. Auch die Maler der Kulissen und Kostüme, die Komponisten der autochthonen Lieder, die Verfasser der Berliner Lokalfilme sind nunmehr durchwegs Berliner, die erst vor kurzem aus der Tschechoslowakei eingewandert sind.

Nun ja, aber es ist wahr, daß das alles nur Modekunst, nur Publikumsbefriedigung ist. Man glaubte nicht etwa, daß solche von Fremden besorgte Heimatkunst an den vielen großen Berliner Theatern möglich wäre, die sich jetzt fast ausnahmslos im Besitze dreier Theaterdirektoren befinden, der Herren Max Reinhardt (aus Preßburg), Karl Meinhard (aus Prag) und Eugen Robert (aus Komorn). Die würden sich schon aus Berliner Lokalpatriotismus gegen einen solchen Kunstimport aus der Tschechoslowakei wehren, und täten sie es nicht, so bekämen sie die Berliner Theaterkritik zu spüren, insbesondere würden sich die strengen Hüter der Berliner Bühnentradition dagegen verwahren, in der „Nationalzeitung" Dr. Josef Adolf Bondy (aus Prag), in der „Vossischen Zeitung" Professor Alfred Klar (aus Prag) und im „Börsen-Courier" Dr. Emil Faktor (aus Prag).

Und bei den seriösen Buchverlegern Deutschlands würden, obwohl viele aus der Tschechoslowakei stammen, solche Sachen niemals erscheinen können. Am allerwenigsten aber beim Nestor des modernen Verlagswesens, beim Verleger Gerhart Hauptmanns und Ibsens und Herausgeber der „Neuen Rundschau“, bei dem allmächtigen S. Fischer (aus Protiwanov bei Boskowitz).

(aus: Egon Erwin Kisch, Echtestes Berlin W, erschienen in „Prager Tageblatt“, 47. Jg., Nr. 19, 22. Jänner 1922)

Ruth Klinger

(1930)

Am 14. Februar 1930 findet die Eröffnung des Kabaretts Kaftan statt. Das Lokal liegt in der Martin-Luther-Straße 31, gegenüber der Varieté-Bühne Scala, im ersten Stockwerk: 200 Sitzplätze in Reihen aufgestellt, also Theaterbestuhlung; Bühne mit Vorhang und Rampenbeleuchtung; entlang der Saalwände sind Podeste aufgebaut, für Dekorationen und Auftritte. Erst vor kurzem hat hier ein literarisches Kabarett mit dem Namen *Anti* die Pforten geöffnet und schnell wieder geschlossen.

Die Leitung des Unternehmens besteht vorerst aus Maxim Sakaschansky, Ernst Pröckl und Oskar Ebelsbacher, der auch Direktor des Weinberg-Theaters ist und sich daher in Steuerangelegenheiten, behördlichen Vorschriften, Drucksachen und Zeitungsinseraten gut auskennt. Ernst Pröckl, der zweite Geldgeber, ist „Arier“, aber mit einer Jüdin verheiratet und will partout den *Parade-Goj* spielen. Obwohl die Programmgestaltung ausschließlich in Sakaschanskys Händen liegt, zeichnen die beiden Mitdirektoren mitverantwortlich für die eingegangenen Verpflichtungen: sie sind Schauspieler mit bekannten Namen, deutsche Staatsbürger, Sakaschansky hingegen staatenlos, Inhaber eines sogenannten Nansen-Passes. Trotzdem: Sakaschansky ist jetzt in seinem Element; er ist der unumstrittene Mittelpunkt.

In Eile werden Dekorationen angefertigt und neun schwarzseidene Kaftane genäht, die gebraucht werden für den „Chassidischen Brenn“, ein Szenenbild im *Cheder*, in dem Sakaschansky als verehrter Rabbi, umgeben von seinen *Jeschiwe-Bochrim* (will sagen: mit neun jungen

Tänzerinnen), das Programm mit einem ekstatischen *chassidischen* Tanz beschließen wird.

Jehuda Pomeranz begleitet die Künstler am Flügel und unterhält das Publikum in den Zwischenpausen mit jüdischen Melodien. Oskar Ebelsbacher erzählt „Rabbinische Weisheiten", Ernst Pröckl sekundiert als „Daitscher" in zwei lustigen Sketchen von Scholem Alejchem, der intellektuelle und fromme Manfred Geis rezitiert hebräische Bibelsprüche aus „Koheleth"; Ester und Jakob Moschkowitz stellen zwei unbeholfene Kleinstädter dar. Drei inszenierte Volkslieder zeigen eine Schneiderstube, auf dünnen Fäden hängen die Dekorationen: ein riesengroßes Bügeleisen, lange Schere, Zentimetermaß.

Höhepunkt des Programms ist die Solonummer von Sakaschansky. Er singt selbstverfaßte satirische Couplets, in denen er die assimilierten Juden aufs Korn nimmt. Mit seinem „Schlesischen Bahnhof" löst er Beifallsstürme aus. Er stellt einen Schnorrer dar, der eben aus Polen am Schlesischen Bahnhof angekommen ist. Als erstes nimmt er von einem jüdischen Gemeindebeamten eine Unterstützung entgegen und beklagt sich über die Hochnäsigkeit der *Jekkes*. Kaum hat er es zu einigem Wohlstand gebracht, klopft an seiner Kurfürstendamm-Wohnung ein polnischer Schnorrer – und wie fertigt er ihn ab? „Sag ich, ich bin ein daitscher Jehude, und weis ihm die Tür"...

Und ich? Ich bin „die Administrazie" und sitze an der „Kassa", jeden Abend. Der direkte Kontakt mit dem Publikum, die Beobachtung der einzelnen Besucher aus der Nähe, auch das Hantieren mit Geld – macht mir Spaß. Und ich halte mich an das bewährte Theaterprinzip, das ebenso an den Rheinhardt-Bühnen regiert: wichtig ist, was sich vor der Kasse tut! Nach Kassenschluß bleibt mir genügend Zeit zum Umkleiden und Schminken, um im zweiten Teil mit Sakaschansky in Dorfduetten und Szenen aufzutreten. Das ist mir recht, noch bin ich in der jiddischen Sprache nicht sattelfest, und mit deutschsprachigen Rezitationen will ich abwarten, erst sehen, was für ein Publikum kommt – denen, die deutsch hören wollen, stehen schließlich 30 Theater und 50 Kabaretts offen.

Die erste Vorstellung ist ausverkauft, die Einnahme beträgt runde 800 Mark. Das Programm wechselt jeden Monat und wird immer reichhaltiger. An der Kasse, aber auch schon im Vorverkauf, werden vier bis sechs, oft acht Eintrittskarten verlangt, denn es kommen ganze Familien mit Verwandten und Freunden. Bald wird der Kaftan ein gemütlicher Treffpunkt, es herrscht angeregte Stimmung, man ist unter sich, so etwas hat es bisher in Berlin noch nie gegeben.

Das Publikum setzt sich aus drei Schichten zusammen: den ostjüdischen Kleinbürgerfamilien aus der Grenadierstraße und Umgebung (dem damaligen „Jüdischen Viertel"), diese füllen die billigen Platzkategorien, erscheinen Samstag und Sonntag in Massen; das ist *Amcho,* der volkstümliche Typ, der kleine Mann von der Straße. Die teureren Plätze belegen die schon seit längerer Zeit in Berlin Niedergelassenen, die klein angefangen haben, bereits im Westen der Stadt wohnen und nach wie vor eine starke Bindung zu ihrer Herkunft haben, zum jüdischen *Schtetl,* zur jiddischen Muttersprache. Die dritte Schicht bilden die Zionisten, die nachholen wollen, was ihnen fehlt: das Verständnis für die Sprache ihrer Brüder aus dem Osten, für deren Tradition, für ihre volkstümliche Kunst. Immer mehr stellt sich die sogenannte zionistische Elite ein: Juristen, Gelehrte, Schriftsteller, Künstler. Wer nicht kommt, das sind die Mitglieder des C.V., des „Centralvereins deutscher Staatsbürger jüdischen Glaubens". Sie fühlen sich als Deutsche, zum ostjüdischen Element haben sie nicht die geringste Beziehung.

Mit der Zeit macht sich etwas Störendes bemerkbar, das wir vorher nicht bedacht hatten. Viele Kaftan-Besucher stoßen sich an der obszönen Wandbemalung im Hausflur. Schuld daran ist das „Eldorado", ein Lokal für Homosexuelle, rückwärts, im Parterre des Hauses. Geschminkte Männer, einige als Frauen verkleidet, promenieren im Hausflur. Das ist nichts für unser gutbürgerliches Publikum. Die Familienväter halten ihren Töchtern die Augen zu, während sie die Treppen zum Kaftan hinaufsteigen. Kommenden Herbst wird man sich nach einem anderen Lokal umsehen müssen.

Ein mehrtägiges Gastspiel des ganzen Ensembles in Leipzig bringt zwar Publikum und Erfolg, doch decken die Einnahmen nicht die Ausgaben. Ensemble-Gastspiele sind ein kostspieliges Unternehmen. Um diese Erfahrung reicher, schalten wir eine Sommerpause ein und folgen der Einladung des Ehepaares Weitz nach Marienbad.

Der weltbekannte Kurort Marienbad in der Tschechoslowakei war und ist der Treffpunkt der Übergewichtigen. Infolge der seinerzeit mit Gänsefett zubereiteten *koscheren* Fleischkost und der Freude am guten Essen bestand ein großer Prozentsatz der übergewichtigen Kurgäste aus Juden, von denen wiederum die meisten aus Polen kamen. Das Bild der im Kurpark promenierenden Wunderrabbis mit ihrem Gefolge, ihrem Hofstaat, gekleidet in schwarzseidene Kaftane und *Strejml,* gehörte dort zum alljährlichen Sommer-Alltag. Marienbad war auf die zahlreichen jüdischen Kurgäste aus aller Welt voll und ganz eingestellt.

Unter den Geschäftsleuten der Hauptstraße kursierten Witze wie dieser: „Sagen Sie ehrlich, sind Sie ein Antisemit?" Der andere antwortet entrüstet: „Was fällt Ihnen ein! Jetzt? Mitten in der Saison?"

Auf die Juden aus Ost und West, die sich hier alljährlich ein Stelldichein gaben, hatten es die beiden *koscheren* Hotels Walhalla (für die Westlich-Liberalen) und Leitner (für die Orthodoxen aus Polen) abgesehen, genauer gesagt: die zwei jüdischen Kleinkunstbühnen dieser Hotels, die sich gegenseitig ihre Gäste abspenstig machten. Dieser erbitterte Konkurrenzkampf veranlaßte die Schauspieler, sich dauernd auf der Straße zu zeigen und für ihre Vorstellungen zu werben. Morgens und abends bei der Kurpromenade, nachmittags bei den Tanztees, immer mußten sie trachten, mit jüdischen Gästen ins Gespräch zu kommen und sie durch zugesteckte Programmzettel zum Besuch des Walhalla oder Leitner zu animieren. Da gab es kein Sich-Genieren, denn war Walhalla zurückhaltend, schnappte ihm Leitner die Besucher weg.

(aus: Ruth Klinger, Die Frau im Kaftan. Lebensbericht einer Schauspielerin, erschienen im Bleicher Verlag, Gerlingen 1992)

Gittel Weiß

(1908)

Ich wurde im Jahre 1903 in Oleszycze, einem kleinen Ort in Galizien (Polen), geboren. Dort waren auch die Eltern meines Vaters beheimatet. Meine Mutter stammte aus Tarnow, das auch in Galizien liegt. Aufgewachsen ist sie aber in Kurima, einem kleinen Dorf in Ungarn. Ostjuden schnürten oft ihr Bündelchen und wanderten aus, weil es mit der „Parnoße", dem Broterwerb, sehr schlecht bestellt war. Wie meine Eltern zusammenkamen? Nun, den „Schadchen", den Heiratsvermittler, spielte ein Bruder meiner Mutter, der in Lemberg, nicht allzuweit von Oleszycze lebte. „Schadchen" war ein Beruf bei den Ostjuden. Ohne ihn wurde kein Mädchen, kein Mann verheiratet. Die Familie meines Vaters soll recht wohlhabend gewesen sein, die Familie meiner Mutter war sehr arm. Konnte es ein größeres Glück für ein Mädchen ohne Mitgift geben als eine solche Heirat? Eines Tages, so hat meine Mutter mir erzählt, erhielten ihre Eltern ein Telegramm: „Maseltow (viel Glück), die Verlobung ist geschlossen." Über die „Verhandlungen" hatten die Eltern kaum etwas erfahren.

Und bald darauf kreuzte auch der Bräutigam auf: ein großer, dicker Mann mit einem pockennarbigen Gesicht, einer breiten Nase und vollen sinnlichen Lippen. Die „Peijes" (Schläfenlöckchen), die ein orthodoxer Jude zu tragen hatte, der Bart und der lange Kaftan, der auch zu einem frommen Juden gehörte, ließen ihn noch plumper erscheinen. Meine arme Mutter war entsetzt, aber auch nur anzudeuten, der „Choßen" (Bräutigam) gefalle ihr nicht, wäre undenkbar gewesen. Meine Mutter muß damals ein hübsches Mädchen gewesen sein, denn sie war ja auch später noch eine gut aussehende, wenn auch verhärmte Frau – und zu der Zeit ihrer Hochzeit war sie ganze 21 Jahre alt. Mit diesem ihr fremden, so wenig anziehenden Mann sollte sie nun ein ganzes Leben verbringen! Sie wird Nächte hindurch geweint haben.

Und dann wurde geheiratet. Wie die Hochzeitsnacht verlaufen sein mochte... Ich mag nicht daran denken, denn meine Mutter war völlig unaufgeklärt, so wie eben ein junges Mädchen aus gutem, frommem Hause zu sein hatte. Sie wußte überhaupt nicht, was ihr bevorstand. Am Morgen danach wurde das Laken kontrolliert, ob es auch blutig war, denn nur dann war die Ehe gültig. Sie war gültig. Das Standesamt zählte überhaupt nicht. Es galt lediglich die nach jüdischem Ritus unter der „Chuppe", dem Trauhimmel, geschlossene Ehe. Mein Geburtsschein wurde daher erst 1906 ausgeschrieben, es war eben ein amtliches Dokument, das man nicht wichtig nahm.

Und noch ein Ritus mußte streng eingehalten werden, der die jungverheiratete Frau eines schönen Schmuckes beraubte. Nach der Trauung wurde meiner Mutter das Haar abgeschnitten; mein Vater ließ sogar ausrichten, man solle es recht kurz schneiden. Dabei darf man sich aber nicht etwa eine kurzgeschnittene Frisur vorstellen, wie man sie heute trägt, nein, die Haare wurden ratzekahl abgeschnitten, beinahe wie abrasiert. Von diesem Zeitpunkt an hatte die Frau eine Perücke zu tragen, man nannte sie „Scheitel", die allerdings sehr schön frisiert sein durfte. Ich erinnere mich noch gut, daß ich als junges Mädchen einmal die Perücke meiner Mutter zum Auffrisieren zur Perückenmacherin bringen mußte. Die Perücke ging verloren, ich weiß nicht, wie es dazu gekommen ist, sie war jedenfalls weg. Eine neue kostete 30 Mark, und es war kurz vor einem Feiertag. Das war eine Katastrophe! Irgendwie wurde das Geld dann aber beschafft, die Perückenmacherin beeilte sich mit der Neuanfertigung, und meine Mutter konnte am

Feiertag doch noch zum Beten in ihre Betstube gehen – die einzige Abwechslung, die sie hatte.

Nach der Hochzeit zogen meine Eltern nach Oleczycze, in die Heimat meines Vaters. Woher rührte nun der von dem „Schadchen“ so gepriesene „Wohlstand“, der wohl eher ein gewisses Auskommen war? Die Familie meines Vaters und er selbst hatten einen Beruf, sie waren „Zehn-Gebote-Schreiber“. Das war immerhin etwas Besonderes, denn nur ein kleiner Teil der ostjüdischen Bevölkerung konnte einen erlernten Beruf vorweisen. In meinem Geburtsschein steht denn auch unter „Stand des Vaters“ vermerkt: „Tochter des Zehn-Gebote-Schreibers Simon Schreiber“.

Die Thora, das „Heilige Buch“ – es enthält die fünf Bücher Moses, das Pentalteuch –, wird nicht gedruckt, sondern mit der Hand auf Pergament geschrieben, eine erstaunliche Leistung, wenn man den Umfang bedenkt und weiß, daß das Geschriebene keinen Fehler enthalten darf. Die Fertigstellung einer Thora dauert mindestens ein Jahr. Zu dieser Art des Schreibens gehört schon eine künstlerische Befähigung. Wahrscheinlich hat mein Vater eine solche Meisterschaft nicht erreicht, sondern eben nur die Zehn Gebote geschrieben und auch die „Mesusoth“ beschriftet. Eine „Mesusoth“ ist ein Röhrchen, das eine kleine Pergamentrolle mit dem Namen Gottes enthält. Jeder fromme Jude hat diese „Mesusoth“ an den Türen seiner Wohnung. Beim Betreten wird wenigstens eines der Röhrchen berührt und danach die Hand zum Munde geführt.

Aus den Erzählungen meiner Mutter ist mir noch dunkel in Erinnerung, daß ein Teil des Einkommens der Familie auch aus dem Erlös stammte, den Trommelfelle für Pauken, die an die österreichisch-ungarische Armee geliefert wurden, erbrachten.

Eines Tages aber, ich war zwei oder drei Jahre alt, war es mit dem „Wohlstand“ zu Ende. Das Haus brannte ab, und mit ihm verbrannten alle Waren und Vorräte. Die Familie stand von einem Tag zum anderen mit leeren Händen da, versichert war nichts, denn alles lag ja in Gottes Hand.

Ein Bruder und eine Schwester meines Vaters wanderten daraufhin nach Amerika aus. Er selbst ging, nachdem er meine Mutter und mich in Kurima bei den Eltern meiner Mutter untergebracht hatte, nach Berlin. Dort lebte der älteste Bruder meiner Mutter, Mechel, schon seit vielen Jahren. Es ging ihm nicht schlecht, und mein Vater hoffte wohl, daß ihm der Schwager schon irgendwie helfen würde.

Ab und zu besuchte uns der neue „Großstädter" in Kurima. Ich konnte mich, so erzählte meine Mutter mir später, mit dem fremden Mann durchaus nicht anfreunden. Er sagte oft in jiddischer Sprache zu mir: „Ich nehme dich mit nach Berlin." – Ich: „Nein!" – Er: „Doch!" Dann rannte ich zur Mutter: „Mamtschu (Mutti), er suggt scheun widder ‚doch'!" „Doch" ist ein Wort, das sich nicht ins Jiddische übersetzen läßt. – Wenn man so will, ist also jiddisch meine Muttersprache. Sehr bald habe ich aber die deutsche Sprache erlernt und konnte dann nur noch in dieser Sprache denken. Doch davon später.

Allmählich wurde mein Vater des Lebens in Berlin ohne Frau und Kind wohl überdrüssig, er holte uns nach Berlin. Ich war inzwischen fünf Jahre alt geworden.

Unsere Wohnung war ein dunkler Keller in der Krausnickstraße. An Möbeln besaßen wir nur das Allernotwendigste. Ein Kinderbett gehörte nicht dazu, ich schlief mit im Bett meiner Mutter. Wovon wir nun lebten? Ich weiß es nicht. Wahrscheinlich griff mein Onkel Mechel des öfteren in die Tasche. Als das Elend nicht länger anzusehen war, legten wohl die Verwandten zusammen, und man richtete meinen Eltern einen Laden in der Gleimstraße ein, einen Eierladen. Mit Eiern, die man aus Polen bezog, handelten viele Ostjuden, Eier „en gros und en détail". Es gab eine „Eierbörse", auf der ganze Waggons gehandelt wurden, und die „Bosse" verdienten dabei wohl auch recht gut. Es gab auch einen Verband der Eierhändler. Und dann gab es eben die ganz kleinen Händler, die Eier stückweise verkauften, vielleicht auch mal eine Mandel (15 Stück). Möglicherweise hätte man von diesem Handel schlecht und recht leben können. Aber es stellte sich heraus, daß mein Vater nicht nur keine Lust zum Arbeiten hatte – er überließ die ganze Arbeit, die der Laden mit sich brachte, meiner Mutter -, sondern darüber hinaus einer Leidenschaft verfallen war, die meine Mutter schlaflose Nächte kostete und ihr das ohnehin erbärmliche Leben vollends verbitterte, das Kartenspiel.

Tage und Nächte blieb mein Vater von zu Hause fort, saß in Kneipen herum und spielte Karten, meist in der Grenadierstraße, in der fast nur aus dem Osten eingewanderte Juden wohnten – aber nur die armen. Er verspielte auch das bißchen Geld, das meine Mutter im Eierhandel verdiente oder das ihr Bruder oder Neffe hin und wieder zusteckten. Sie konnte es nicht vor ihm verstecken, hatte wohl auch keine Kraft dazu. Kurzum, der Laden mußte aufgegeben werden, und wir zogen aus der Gleimstraße in die Lothringer Straße (heute Wilhelm-Pieck-Straße).

Ich war acht Jahre alt, als wir in die Lothringer Straße kamen, und dreißig, als ich dort fortging. Eingeschult wurde ich, als wir noch in der Gleimstraße wohnten, aber an meine ersten beiden Schuljahre kann ich mich kaum noch erinnern. Meine neue Schule stand in der Keibelstraße, auf dem Gelände des heutigen Polizeipräsidiums. Mädchen und Jungen wurden damals getrennt in Mädchen- und Jungenschulen unterrichtet. Die Schule war ein uraltes Gebäude, ohne jeden Schmuck, ohne ein bißchen Grün, die Bänke waren alt und zerschrammt, die Wände kahl. Der Rektor war ohne seinen Rohrstock nicht denkbar. An die Lehrer und Lehrerinnen habe ich keine allzu schlechte Erinnerung. Sie taten gewiß ihr Bestes, waren sicher nicht gerade glänzend bezahlt und hatten wohl auch keine besonders gute Ausbildung.

Den Unterricht, mehr oder weniger langweilig, erteilten meist ältliche Fräulein, denn verheiratete Lehrerinnen wurden in der wilhelminischen Zeit nicht beschäftigt. Von Liebe zu den Kindern oder von Verständnis für sie war kaum etwas zu spüren. Auch die Lehrer waren nicht gerade hervorragende Pädagogen. Einer von ihnen, Herr Henoch, hatte einen Tick. Er liebte Adelbert von Chamisso, und wir mußten bei ihm ständig dessen Gedichte lernen und Aufsätze über ihn schreiben. Glücklicherweise hatte es sich eingespielt, daß eine Generation Schüler stets der jüngeren ihre Aufsätze überließ, die sie nur abzuschreiben brauchte. Da Herr Henoch niemals etwas merkte, waren alle zufrieden, Schüler und Lehrer. Die Büffe und Knüffe, die dieser Lehrer bei jedem, auch dem geringsten Vergehen verteilte, waren im übrigen genau so entwürdigend wie die „Behandlung" mit dem Rohrstock des Rektors.

Wir Schülerinnen verstanden uns untereinander ausgezeichnet. Der Kietz, in dem unsere Schule lag, war ein Arbeiterviertel. Soweit hier wohlhabende Bürger wohnten, schickten sie ihre Kinder in eine höhere Schule. Etwa zwei Drittel der Kinder waren Arbeiterkinder und etwa ein Drittel Kinder von Ostjuden. Diese Unterscheidung klingt merkwürdig, aber ich kann nicht gut von ostjüdischen Arbeiterkindern sprechen. Die Zahl ostjüdischer Arbeiter war nicht eben sehr hoch. Doch darüber später. Eines hatten wir jedenfalls gemeinsam: Schmalhans war bei allen Küchenmeister, und die Kleidung der „jüdischen" Kinder war so armselig wie die der „christlichen". So verschieden auch unsere Herkunft war, wir spielten und lernten friedlich miteinander. Ich war keine schlechte Schülerin. Meine Lieblingsfächer waren Deutsch, Geschichte und – Religion. Im Rechnen war ich eine Niete (ich kann es bis heute nicht). Meine Mitschülerinnen, jüdische wie christliche, halfen mir nach Kräften, sagten mir vor, wenn ich dran war, aber ich verstand vor Aufregung nur sehr selten, was sie mir zuflüsterten. Auch bei den Hausaufgaben halfen sie mir. Zum

Dank schrieb ich den Mädchen, die Schwierigkeiten mit ihren Hausaufsätzen hatten, die Aufsätze, das fiel mir sehr leicht.

Manches, was ich zu Hause überhaupt nicht kannte, gefiel mir in der Schule besonders gut, so das „Vaterunser", das täglich vor Unterrichtsbeginn gebetet wurde. Die jüdischen Kinder brauchten nicht mitzubeten, sie mußten nur aufstehen. Ab und zu betete ich trotzdem mit, ich fand es so interessant. Zu Hause erzählte ich das aber nicht. Meine arme Mutter wäre entsetzt gewesen. Auch die Vorweihnachtsfeier in der Schule beeindruckte mich sehr. Alle Klassentüren waren geöffnet, und von der Aula her. klang feierlich das „Stille Nacht, Heilige Nacht".

Aus alledem läßt sich wohl schließen, daß wir jüdischen Kinder nichts von einem Antisemitismus merkten, nicht die leiseste Spur davon – weder bei den Schülern noch bei den Lehrern. Ich erinnere mich noch, daß einmal ein Lehrer zu mir sagte, ich sehe so schlecht aus, ob ich nicht verschickt werden könnte. Auch die Schulbehörde kam den ostjüdischen Eltern entgegen. Diese wollten natürlich nicht, daß ihre Kinder den Sabbat entheiligten, indem sie in die Schule gingen. Wenn sie ein entsprechendes Gesuch an die Schulbehörde richteten, ist es sofort bewilligt worden. Wir Kinder konnten dann an den Sonnabenden sowie an den jüdischen Feiertagen dem Unterricht fernbleiben. Nur um die Schularbeiten mußten wir uns kümmern.

Der Religionsunterricht wurde getrennt nach Konfessionen erteilt. Zwei jüdische Lehrerinnen gaben den mosaischen Unterricht. Zu Anfang, als sie die neue Schülerin noch nicht kannten, wollten sie mich in den protestantischen Unterricht schicken, der zur gleichen Zeit stattfand, weil ich so ganz und gar nicht jüdisch aussah. Welch ein Glück das einmal für mich bedeuten sollte, konnte damals natürlich niemand ahnen.

Ich war also mit den christlichen Mädchen aus meiner Klasse ebenso wie mit den jüdischen gut befreundet, ja vielleicht mit einigen christlichen noch enger. Das ergab sich einfach daraus, daß zwei der christlichen Mädchen im gleichen Hause mit uns wohnten und das dritte im Hause nebenan. Ich war oft bei ihnen, fühlte mich dort wohl und wurde auch gern gesehen. Sie kamen ebenfalls häufig zu uns, und meine Eltern hatten gar nichts dagegen einzuwenden. Daß es in vielen Dingen bei den christlichen Familien anders zuging als bei uns, nahm ich als gegeben hin, ohne daß ich mir wünschte, es möchte bei uns auch so sein.

Der Religionsunterricht in der Schule genügte für ein Kind aus frommem Hause nicht. Ich mußte noch zusätzlich Unterricht nehmen. Jeden Mittwochnachmittag und Sonntagvormittag wanderte ich in die Gipsstraße, wo der Unterricht in einer Volksschule erteilt wurde. Leiter der Religionsschule war Dr. Meyer Hildesheimer, der unter deutschen Juden wie Ostjuden einen guten Ruf genoß – sowohl als Rabbiner als auch als Pädagoge –, und das mit Recht. Er war ein guter, immer freundlicher Lehrer, und es herrschte in der Schule eine angenehme Atmosphäre. Ich lernte dort hebräisch lesen und einige Gebete übersetzen, lernte auch recht gut, aber einer Forderung kam ich ganz und gar nicht nach. Ich besuchte den Jugendgottesdienst am Sonnabendvormittag nicht. Das hatte folgenden Grund: Wenn ich von der angenehmen Atmosphäre in der Religionsschule spreche, dann bezieht sich das nur auf das Verhältnis zu den Lehrern. Was das Verhältnis zu meinen Mitschülerinnen anging, so sah das schon anders aus als in der Volksschule. Zum Religionsunterricht kamen die Kinder aller Schichten zusammen, also auch die der sozial besser und sogar sehr gut gestellten Juden. Jedenfalls konnte ich die gezierten, gut angezogenen Mädchen mit ihren Schillerlocken und Lackstiefeln einfach nicht leiden. Und ich ging eben deshalb nicht zum Jugendgottesdienst, um diesen Mädchen, die Minderwertigkeitsgefühle in mir weckten, nicht zu begegnen.

Wir wohnten nun in der Lothringer Straße 8 (heute Wilhelm-Pieck-Straße). Das Haus war eine fünfstöckige Mietskaserne mit zwei Quergebäuden, einem Hof und einem Hinterhof. Auf dem Hinterhof befanden sich ein fünf Stock hohes Fabrikgebäude, außerdem eine Selterswasserfabrik, deren Inhaber Jude war, und ein Pferdestall. Zur Mietskaserne gehörte ein schönes Vordergebäude mit guten Wohnungen; aber die Mieter der Quergebäude hatten kaum etwas mit dem Bewohnern des Vorderhauses gemein.

Hier habe ich meine Kindheit und Jugend und die ersten Jahre eines bewußteren Lebens verbracht. Unsere Wohnung bestand aus einem Zimmer, einer fensterlosen Kammer, aus Küche und Korridor. Sogar eine Innentoilette hatte sie. Die Wohnung lag im zweiten Quergebäude mit den Fenstern zum Hof. Die Miete betrug 28 Mark monatlich, die aufzubringen mitunter schwer war.

Der Pferdestall wurde ab und zu ausgemistet. Dann wischte meine Mutter die Wohnung mit Lysol auf. Den Gestank von Pferdemist und Lysol nahm ich so selbstverständlich hin wie Sonnenaufgang und -untergang. Auch den verzweifelten Kampf meiner Mutter gegen die Wanzen empfand ich als nichts Außergewöhnliches.

So etwa sah es also in dieser vorwiegend von Arbeitern bewohnten Gegend, dem „Scheunenviertel", aus. Hier waren das Schönhauser Tor, der Bülowplatz (heute Rosa-Luxemburg-Platz), die Elsässer und die Lothringer Straße. Und hier wohnten unter den Arbeitern viele Juden, alle aus dem Osten eingewandert. Ihr eigentliches Domizil war die Grenadierstraße, heute Almstadtstraße. Sie waren unter sich, aber da nicht für alle Platz war, wichen sie in die umliegenden Straßen aus. Diese Menschen waren fast alle ohne geregelte Arbeit, ohne Aussicht auf Arbeit, ohne eine auch nur einigermaßen gesicherte Existenz. Wenige von ihnen waren Arbeiter oder Handwerker – Schneider, Kürschner, Schuster, auch Bäcker. Manche hatten einen kleinen Lebensmittelladen (damals sagte man Kolonialwarenladen). Einen Geflügelladen gab es in der Grenadierstraße auch, wo lebendes Geflügel verkauft wurde. Den Gestank spürte man lange vor und hinter dem Laden. Auch ein Fischladen war da. Der hatte – zumindest am Wochenende – einen recht guten Absatz, denn ein Sabbat ohne Fisch war eben kein Sabbat, und wenn es die ganz billigen Bleie waren.

Übrigens, so manches Brot, das ich bei dem Bäcker Scholem Grünbaum in der Grenadierstraße kaufte, wurde mir von einem aus dem Osten eingewanderten jungen jüdischen Mann über den Tisch gereicht, dem späteren großen Schauspieler Alexander Granach.

Warum Ostjuden kaum solche Kenntnisse besaßen, die ihnen die Ausübung eines Berufes möglich gemacht hätten, liegt in ihrer Geschichte begründet. Rußland, Polen, die Ukraine hatten zwar die im Mittelalter aus Deutschland vertriebenen Juden aufgenommen, aber sie unterlagen dort so vielen Berufsbeschränkungen, daß ihnen, um zu leben, nichts anderes übrigblieb, als zu handeln, zu hausieren und Geldgeschäfte – auch etwas anrüchige – zu betreiben. Auch wenn die Berufsbeschränkungen aufgehoben oder gelockert wurden, besserte es die Lage der Juden kaum. Denn diese Länder hatten keine nennenswerte Industrie, brauchten also nicht Arbeiter in Massen. Wo Industrie vorhanden war – etwa die Textilfabriken im damals russischen Łódź –, arbeiteten neben den polnischen und russischen Arbeitern auch jüdische Arbeiter. Alle zusammen wurden sie von den Unternehmern – gleich welcher Nationalität – weidlich ausgebeutet.

Die fortschrittliche jüdische Arbeiterjugend schloß sich Mitte der neunziger Jahre in dem „Jüdischen Bund“ zusammen, einer aktiven Sektion der russischen Sozialdemokratie. Viele Anhänger des Bundes – Arbeiter und Studenten – wurden wegen ihrer politischen Tätigkeit nach Sibirien verbannt. Ein Teil der Jugend wandte sich als Folge der Drangsalierungen und Verfolgungen nationalistischen Ideen zu und hing dem Zionismus an. Die frommen Juden lehnten beides ab – eine politische Betätigung und den Zionismus. Sie warteten auf den Messias, der sie erlösen und ins gelobte Land führen würde. Es gab aber auch Jugendliche, die unter allen Umständen aus der Enge des Ghettos ausbrechen wollten und keinen anderen Weg sahen, als sich taufen zu lassen. Ganz Eifrige wurden aus Karrieregründen geradezu Antisemiten.

Nach dieser historischen Abschweifung zurück zu meinen Erlebnissen. Meine Eltern begannen gewissermaßen ein neues Leben in der Lothringer Straße. Doch blieben die Sorgen die alten. Ich war noch zu klein, um diese Sorgen, besonders die meiner Mutter, mitzuempfinden. Die Freudlosigkeit seiner Umgebung fühlt aber auch ein Kind. Nach dem erlernten Beruf meines Vaters bestand gar keine Nachfrage. Wahrscheinlich bezog man die Kultusgegenstände aus Polen. Meine Mutter hatte nichts gelernt, womit sie zum Broterwerb hätte beitragen können. Gewiß stümperte sich mein Vater als Hausierer durch. Auch das war ein Broterwerb, ich möchte sagen, ein „regelrechter Beruf". Man fuhr in den Berliner Westen, der schon damals die „feine Gegend" war, ging von Haus zu Haus, von Tür zu Tür und fragte nach getragenen Anzügen. Häufig waren die Wohnungsinhaber, besonders kleinere und mittlere Beamte, ganz zufrieden, auf diese Weise ihre nicht mehr „standesgemäße" Garderobe für einen kleinen Obolus loszuwerden. Manchmal jagten sie jedoch „das Judenpack" mit groben Schimpfworten fort. Nun, das mußte man in Kauf nehmen. Den Menschen, die aus dem Ghetto kamen, war so etwas nicht neu. Die Anzüge wurden dann in einem kleinen Laden in der Hirtenstraße (nahe der Grenadierstraße), der „Kleiderbörse", verhökert an Juden, die wiederum einen kleinen Laden hatten. Solche Läden gab es massenweise in der Linienstraße, der Gollnowstraße, der Skalitzer Straße. Von hier gelangten die noch meist gut erhaltenen Kleidungsstücke an die neuen Besitzer, die so für wenig Geld zu einem geradezu feinen Anzug kamen. In manchen Straßen lag Laden an Laden, und es herrschte eine scharfe Konkurrenz.

In der Regel standen die Ladenbesitzer vor der Geschäftstür und riefen ihre Ware aus. Jeder behauptete, die besten, die modernsten Anzüge am billigsten zu verkaufen. Ja, zu Hause waren eben viele hungrige Münder satt zu machen. Hinter manchem Verkaufsraum ratterten Nähmaschinen, auf denen Konfektionsanzüge angefertigt wurden, denn verschiedene Ladenbesitzer waren Schneider.

Ob mein Vater nun auf die geschilderte Weise sein Brot verdiente oder ob er das Gesetz für sich in Anspruch nahm, das reichen Juden gebot, Mildtätigkeit zu üben – man zog geradezu eine „Forderung" ein –, ich weiß es nicht. Brot war jedenfalls sehr knapp, und über unserem Leben lag drückende Armut, die ich immer stärker spürte. Übrigens, seiner Spielleidenschaft frönte mein Vater nach wie vor, und manche Mark, die meiner Mutter das Leben etwas erleichtert hätte, ging dabei verloren. Später habe ich mich gefragt, ob er, wenn er etwas Ordentliches gelernt und einen Beruf ausgeübt hätte, auch so haltlos gewesen wäre.

Alle diese Umstände hinderten meinen Vater nicht, seiner Frau jedes Jahr ein Kind zu machen. Und jedes Jahr schwebte sie bei der Entbindung zwischen Leben und Tod. Sie brachte stets ein totes Kind zur Welt; es starb etwa im 6. Monat im Mutterleib ab. Ich sehe sie noch dasitzen, die Hand auf dem vorgewölbten Leib und in sich hineinhorchen. Sie horchte, ob das Kind lebte.

Ab und zu floh meine Mutter mit mir zu ihrem Bruder, dem es nicht schlecht ging. Aber so gut auch wieder nicht, daß er es auf sich nehmen konnte, die Schwester mit ihrem Kind bei sich zu behalten. Also redete er meiner Mutter zu, wieder zu ihrem Mann zurückzukehren, zumal dieser hoch und heilig versprach, das Kartenspielen aufzugeben und für seine Familie besser zu sorgen. Wir gingen dann auch wirklich wieder in unser Zuhause zurück. Lange dauerte es aber nicht, dann packte ihn die alte Leidenschaft. Oft schickte meine Mutter mich in das Lokal in der Grenadierstraße, um ihn zu holen. Meist kam er auch mit.

Überhaupt war die Grenadierstraße der Ort, wo man unweigerlich irgendeinen Bekannten oder Verwandten, den man sprechen wollte, treffen konnte. Besonders gegen Abend, zur Zeit des Abendgebetes, war die Straße schwarz von Menschen – nur Männer waren zu sehen –, viele in Kaftan und mit Schläfenlöckchen. Bevor sie in ihre Betstuben gingen, spazierten sie hier umher, sprachen über ihre Geschäfte, über ihre Sorgen, wohl auch über Politik. Während des Abendgebetes allerdings war die Straße leer. Nur ein Gemurmel drang aus den Räumen. Vielleicht liegt hier die Quelle für die frühere Redewendung „Krach wie in einer Judenschule", wenn es irgendwo Lärm gab. „Schul" war die Betstube.

In unserem Hause mit etwa 50 Familien waren wir die einzige jüdische; nur im Vorderhaus wohnte noch eine jüdische Familie, zu der wir aber kaum Kontakt hatten. Wir standen mit unseren „christlichen" Nachbarn nicht schlecht, wenn man auch nicht sagen kann, daß es unter den Erwachsenen zu freundschaftlichen Beziehungen kam. Aber im Winter heizte die eine oder die andere Nachbarin am Sabbat bei uns den Ofen, sonst hätten wir jämmerlich frieren müssen, denn am Sabbat darf man kein Feuer anzünden. Auch die Gaslampe löschten sie am Freitagabend aus, das darf man ebenfalls nicht. Weihnachten wiederum forderte uns manche christliche Familie auf, den Weihnachtsbaum zu besichtigen. Das taten wir, meine Mutter und ich, gern. Ich kannte ja so einen Baum schon von der Schule her und fand ihn immer sehr schön. Auch meiner Mutter gefiel der geschmückte Baum mit den brennenden Kerzen.

Etwa um die gleiche Zeit feiern die Juden „Chanuka". Auch zu diesem Fest werden Lichter angezündet. Es dauert acht Tage, und jeden Tag brennt ein Licht mehr. Dafür gibt es besondere Leuchter. „Chanuka" hat eine ganz andere

Bedeutung als Weihnachten. Es erinnert an den Makkabäeraufstand 167 v.u.Z.

Auch zu Chanuka ist es üblich, die Kinder zu beschenken. Ich habe keine gute Erinnerung an dieses Fest, weil ich selten ein Geschenk bekam. Einmal nahm ich an einer Chanuka-Feier teil, die eine jüdische Organisation für Kinder veranstaltete. Ich freute mich auf ein Spielzeug oder eine Näscherei. Und womit wurde ich überrascht? Mit warmer Unterwäsche! Meine Mutter hat sich gewiß gefreut, aber ich weinte Tränen der Wut und der Enttäuschung.

Am Peßach (Passah = Osterfest) wiederum brachte ich verschiedenen christlichen Nachbarn im Auftrag meiner Mutter Mazze, eine sehr willkommene kleine Aufmerksamkeit. (Mazze ist das österliche Brot der frommen Juden, anderes Brot darf während der acht Peßachtage nicht gegessen werden.)

(aus: Gittel Weiß, Ein Lebensbericht, erschienen in: Miniaturen zur Geschichte, Kultur und Denkmalpflege Berlins/Kulturbund der DDR, Nr. 8, Berlin 1982)

Günter Kunert

(um 1970)

Einzig Vineta vielleicht versank derart gründlich in einer Sturmflug wie die Stadt versank, von der ich rede. Doch wie der Wanderer Vinetas Glocken hört, wenn der Zufall es will, und Vinetas Turmspitzen, Dachfirste, Söller und einen Schimmer von Höfen, Gassen und Plätzen wahrnimmt, wenn der Einfallwinkel des Lichtes im Meer günstig ist, so auch spürt der Spaziergänger in Berlin manchmal einen Anhauch der gewesenen Stätte. Ohne eine verschwommene Sentimentalität, für die die Ortsbewohner ohnehin anfällig sind, zu mystifizieren und zu romantisieren, muß doch gesagt werden, daß gerade hierorts das verbaute verbrauchte Gestein ganz besonders redselig erscheint. Wahrscheinlich weil es immer weniger wird und, ähnlich den Menschen einer schrumpfenden Generation, dadurch gedrängt, seine wegsterbenden Erfahrungen weiterzugeben. Wer die mürben Mietshäuser betritt, den umschließt sogleich eine gänzlich andere Luft; die Luft der Vergangenheit; hängengeblieben, abgestanden, eine Mischung nicht mehr zu trennender Gerüche. Diese Gemäuer haben ihre eigene unverwechselbare Ausdünstung, eine körperhafte Losung, durch die sie zu erkennen geben, daß das viele und vieldeutige Leben, welches Epochen hindurch in ihre Mauern zog, sie selber verlebendigt hat.

In „Stillen Portiers“, flachen vielfenstrigen Kästen, meist noch von jugendstilvollem Pflanzenwerk umrankt, wechseln die Namen; auch Hausnummer und Straßenname mögen im Verlauf der Historie schwanken, wie das Erscheinungsbild der Historie selber, doch tragen die handgefertigten Hohlkörper unverändert die Atmosphäre einer gewesenen Welt bis in unsere Gegenwart, die ihre Mehrheit bereits ausgerottet hat und den Rest noch beseitigen wird, weil sie das gewandelte Wohnbedürfnis nicht mehr erfüllen; greise graue Geschöpfe, derer man sich bediente und deren Gnadenfrist unaufhaltsam abläuft.

Die Häuser, von denen ich rede, stehen nicht mit hochherrschaftlicher Miene und erneuertem Make-up im alten oder im neuen Westen, sondern in nur an Armut reicheren Gegenden, wie zum Beispiel um den Alexanderplatz, wo ich ihr schnelles Sterben gesehen habe, ein hastiges Abschlachten, das dem betroffenen Spaziergänger manchentags die klaffenden Leichen zeigte, enthauptet, des Daches beraubt, aufgerissene Fassadenflanken, durch die man uralte verblichene Tapeten erblickte, aus deren unmodernen Mustern Generationen von Kindern im Spiel und zu eigenem Schauder Gesichter gebildet, solche von Gespenstern und Ungeheuern, die sogar, wenn auch nicht mittels kindlicher Phantasie, Wirklichkeit wurden und durch deren Einbruch in die städtische Realität der weitaus größte Teil unserer Metropole zu Schall und Rauch ward. Aber das weiß man schon, darüber lohnt das Reden nicht mehr.

Ich rede von etwas anderem; von Häusern jenseits der Spree, jenseits der Friedrichstadt: von denen in der Dorotheenstadt, an der Chausseestraße, wo ich geboren bin und wo ich viel später, in einer nachmaligen Existenz, manchmal über einen Hinterhof ging, dessen Katzenkopfpflaster moosig grün verfärbt war, um dort eine rechtens so geheißene Stiege zu einer Wohnung hinaufzusteigen, von der aus man auf den Dorotheenstädtischen Friedhof hinabblickte, auf welchen der Wohnungsinhaber nach einiger Zeit verzog; dort liegt er jetzt gegenüber Fichte und Hegel und hat für seine dialektischen Späße die richtige Gesellschaft.

Selbstverständlich rede ich auch von der Linienstraße, einstmals verrufen als Slum; Schlupfwinkel der Kriminalität und Prostitution; Unterkunft armer ostjüdischer Einwanderer, dicht besiedelt, menschenüberfüllt: dort entdeckt man die seltsamsten Höfe, halb verkommen und halb verwunschen, was wohl dasselbe ist. Von ihnen rede ich.

Geht man durch eine bestimmte Toreinfahrt und überquert den ersten Hof, einen quadratischen, nur im Sommer helleren Schacht, gelangt man auf den zweiten, der dem ersteren so unähnlich ist, daß man ihre architektonische Verwandtschaft nicht glauben möchte. Rechts und links in diesem Hof breite Blumenrabatten, in der Mitte ein grobgepflasterter Weg, der vor dem Eingang eines klassizistisch wirkenden, frisch getünchten, nur zwei Stockwerke hohen Gebäudes endet: Produkt einstmaliger preußischer Bautätigkeit; Eindruck von friderizianischem Schlößchen und friderizianischer Kaserne, was hierzulande ja eine berüchtigte zukunftsdeformierende Einheit bildete. Linkerhand wird der unerwartete freundliche Hof von einem gleichfalls niedrigen Bauwerk flankiert, lange vor Erfindung der Mietskaserne errichtet; rechterhand kein Bau, sondern ein weiterer, zum Nachbarhaus gehörender, durch keine Mauer abgetrennter Hof, der aber gut zwei Meter tiefer liegt. Ein kurzes Stück Steintreppe führt hinunter, beidseitig von breiten gerasterten verrosteten Eisenschienen begleitet, über die man wahrscheinlich einen Wasserwagen hinauf und hinunter rollte, denn in einer Ecke des tiefer gelegenen Hofes befindet sich ein abgedeckter Brunnen; sonst ist die ganze Fläche grasbewachsen und von riesigen fensterlosen Brandmauern an einer Quer- und einer Längsseite wie von einem fremdartigen Gebirge begrenzt; nur die Querseite in Richtung Straße zeigt reglose Fenster. Mitten in grüner Verlassenheit eine Laube, fast eine Art Pavillon, holzgeschnitzt, vermutlich mit der Laubsäge aus heute veralteten Modellvorlagen geschnitten und vor hundert Jahren aufgestellt und gleichzeitig zum letzten Male benutzt.

Von den schweren Lastkraftwagen, welche die Fabriken am Ende der Linienstraße, da wo sie mit der Oranienburger zusammenstößt, mit Material beliefern, vernimmt man hier keinen Laut mehr. Auch keinen Vogellärm. Keine menschliche Stimme. Die Bewohner, ob Mensch, ob Tier, sind hier glaubhauft vor einem Säkulum ausgestorben, und seitdem liegen die Höfe still und ergeben da, aber es kommt niemand, der sie erneut zu dem Leben erweckt, das zwar verwehte, aber durch seine Überbleibsel auf sich selber verweist, auf seine Unwiederholbarkeit, seine Einmaligkeit, mit solcher Intensität, daß der Wasserwagen deutlich wird, sein knarrendes Hinauf und Hinab, und Frauen in fußlangen Kleidern vor der überdimensionalen Laubsägearbeit, schwätzend und strickend; vollbrüstige barfüßige Mädchen Wäsche auf ausgespannte Leinen hängend; Katzen schlafen zusammengeringelt in der Sonne, und ein weißer Spitz, Liebling des deutschen Fin de siècle, tanzt auf seinen Hinterbeinen vor Kindern, die, gekleidet wie Erwachsene, einen Wurstzipfel vor seine Nase schwenken. Belebung der Kulisse durch den einsamen Hofbetrachter mit dem Bild einer heilen harmonischen Welt, die es niemals gab, von deren Fiktion wir jedoch nicht lassen können und die wir als Verlust in die Vergangenheit oder als Gewinn in die Zukunft verlegen und um derentwillen wir zu jedem Unheil bereit gewesen und es wohl immer noch sind.

Ein anderer Hof, von dem ich reden will, liegt nur wenige hundert Meter von dem eben beschriebenen entfernt, auch er in der Linienstraße. Ich stand in einem engen unregelmäßigen Rechteck mit einem Déjà-vu, wie es jeder einmal erlebt hat, erblickt er zum ersten Male etwas, das ihm so bekannt vorkommt, als kenne er es von jeher. Auf diese nicht ganz geheure Weise war der nie vordem aufgesuchte Hof einer der Höfe meiner Kindheit, identisch mit einem in der ehemaligen Weißenburger Straße, die heute den Namen ihrer prominentesten Bürgerin trägt, Käthe Kollwitz, und wo damals meine Großeltern lebten: Haus und Hof verschwanden im Feuer; wo sie gewesen, grünt jetzt vom Trottoir bis zu himmelhohen Brandmauern ein Rasen, der nichts deckt. Die Brandmauern selber: Rückseiten der Häuser, von deren Fundament bis zum Bürgersteig der Schönhauser Allee, Parallele der Kollwitzstraße, sich der älteste jüdische Friedhof Berlins erstreckt: eine verwilderte Erinnerung an jene, die noch friedlich starben.

Aber nicht davon rede ich, sondern von dem völlig fremden, wiedererkannten Hof, wo im linken Seitenflügel das Schlafzimmerfenster meiner Großeltern offenstand, das heißt: das Fenster, das an der gleichen Stelle die Fassade durchbricht wie das vergangene, aus dem ich als Kind hinunter- und zu dem ich hinaufgesehen hatte. Eine Frühjahrssonne erleuchtete und wärmte den abbröckelnden Putz und ließ die Erinnerung sprießen, wie das Frühjahrssonne immer tut. Hinter den geöffneten Fensterflügeln hingen Spitzengardinen, gleichfalls wiedererkannt, und es fehlte nur noch, damit die Illusion phantastische Wahrheit werde, daß mein Großvater dort oben aus dem ersten Stock hinauslehne, als liebenswürdiger Mittagsspuk, doch starb er weder in dieser noch in seiner wirklichen Wohnung, aus der er, bevor sie in Schutt zerfiel, schon in ein Jenseits deportiert worden war, dessen Pforte, hinter der es keine Hoffnung mehr gab, sich in einer weit entfernten, einer ehemaligen Garnisons- und späteren Ghettostadt befand; von den dortigen Häusern jedoch, aus deren Fenstern heute statt der zum Tode Verurteilten zum Leben begnadigte schauen, mit Mienen aber, die vom Unbehagen des Wohnens in aufgelassenen Grüften künden, will ich hier nicht reden, sondern von den alten Berliner Gemäuern, in denen viele Wohnungen ein Ortsspezifikum, eine bauliche Mißgeburt umschließen: das berüchtigte „Berliner Zimmer", meist schlauchförmig langgestreckt zwischen vorderen und hinteren Räumen und durch ein einziges Fenster zum Hof kaum erhellt; den ganzen Tag über muß das Licht brennen, sonst wird der Raum sogleich zur Grotte undelphischen Orakelns darüber, ob man selber nicht bloß Ausgeburt des Hauses sei, ein beweglicher Stalagmit, auf Gnade und Ungnade seiner Höhle ausgeliefert, von der anzunehmen war, daß sie einen lange, lange überdauern würde.

In Berlin war diese Annahme ein Irrtum, eine Verkennung der örtlich wirksamen Kräfte; hier überdauerten die Gebäude nie historisch lange ihre Bewohner. Was aus dem siebzehnten Jahrhundert übriggeblieben ist, kann man an den Fingern einer Hand abzählen, und was aus dem achtzehnten an den Fingern der anderen. Keine Stadt auf Erden ist so traditionsfeindlich wie Berlin, so bemüht, Tabula rasa mit Überkommenem zu machen, so unfähig, nach geschichtlichen Umschwüngen architektonisch Irrelevantes zu integrieren; keine wirft leichter über Bord, was sie ererbt von ihren Vätern hat, und sei es auch restaurabel: weg damit!

Aber von ihr wollte ich gar nicht reden, sondern von ihren wenigen charakteristischen Zügen, an denen man sie noch erkennt und die sich mir so eingeprägt haben, daß ich sagen könnte: sie sind mein Wasserzeichen. Wollte mir jemand die Haut, die ich zu allen möglichen Märkten trage, abziehen und gegen das Licht halten, er entdeckte weder die üblichen Stempel noch die verbrauchten Symbole, Brandenburger Tor und Funkturm, aber statt dessen etwas wahrhaft Wesentlicheres: ein altes animalisches Haus.

(aus: Günter Kunert, Berliner Gemäuer, in: Ortsangaben, erschienen im Aufbau-Verlag, Berlin 1971)

Uri Hart

(1992)

Eine Leiter muß her. Bis drei Meter hoch sollte sie schon reichen. Aber ich habe keine Leiter dabei. Und selbst wenn ich eine hätte, könnte ich doch nicht lesen, was ich zu lesen wünsche. Links über dem Eingang der Krausnickstraße 9 das völlig verwitterte Schild. Es hat Löcher und helle und dunkle Stellen. Beim genauen Hinsehen ahnt man, daß die hellen Stellen Umrisse von Buchstaben sein müssen. Aber es gelingt mir nicht, ein sinnvolles Wort daraus zu bilden. Einen Malermeister soll es dort gegeben haben: „Julius Löwenstein, Malermeister, Etabliert seit 1875, Fernsprech. Norden 9651. Malerarbeiten jeder Art. Ausmalungen von Synagogen, Schulen, Krankenhäusern usw." ist in einer Anzeige im Juniheft 1930 der Zeitschrift „Der jüdische Handwerker" inseriert. Julius Löwenstein, Malermeister und Vorsitzender des Vereins selbständiger jüdischer Handwerker um 1915.

Jude und Handwerker? Ist das möglich? Vorurteile: der reiche jüdische Bankier, der jüdische Arzt, der jüdische Rechtsanwalt, der jüdische Kaufmann, der jüdische Hausierer. Aber ein jüdischer Handwerker. Ja, es gab sie tatsächlich.

Das Verzeichnis der jüdischen Handwerker und des jüdischen Mittelstandes von 1934 zählt mehr als 1200 Namen auf. Nicht zu vergessen, die ungezählten Nachträge.

Und hier im Bezirk Mitte, aber auch in Kreuzberg und im Prenzlauer Berg gab es sie. Da wir aber in Mitte sind, gehen wir doch des kurzen Weges halber einfach hier spazieren. Gehn spazieren in der Geschichte. Vielleicht begegnen uns Moritz und Julius und Daniel und Josef und...

Du hast gerade im CC Spiegeleier mit Brot gegessen und den Durst mit einem Bier gelöscht. Die Zeitungen von heute gelesen. Es ist Abend. Aber müde bist du noch nicht. Willst dir noch die Beine vertreten. Du trittst aus dem Café, schließt die Glastür vorsichtig. Sie hat ja schon seit ewigen Zeiten einen Sprung. Der dir ans Herz gewachsen. Sozusagen dein persönlicher Herzsprung. Also – du stehst jetzt vor der Tür, noch auf der Schwelle. Unschlüssig, ob du nach rechts, links oder über die Straße gehen sollst. Und während du so dastehst und überlegst, rattert die Straßenbahn vorbei, und ein sehr dicker Mann in einem viel zu kleinen Anzug grüßt dich. „Hallo, Franz! Gehste zu Deiner Miezi?" grüßt du zurück und mit dem linken Zeigefinger tippst du an deine Schiebermütze. Dann holst du das weiß-braune Schnupftuch aus der linken Hosentasche und schniefst noch mal ordentlich hinein. Es hat die letzte Zeit andauernd geregnet, auch jetzt nieselt es. „Gute Zeiten für Apotheker", denkst du. Drüben an der Ecke Neue Schönhauser hat Apotheker Wartenberg seinen Laden. Im Sommer hat er Hochsaison in Selterswasser. Da arbeitet man Tag und Nacht im Hinterhof in der Nummer 8. Dort ist seine Sprudelfabrikation. Du entschließt dich, über die Straße zu gehen. Vorbei am Polizeirevier Nr. 16 biegst du beim Cigarettenladen Palm um die Ecke zur Spandauer Brücke ein. Dort holst du dir immer die frisch gedrehten Cigarren von Machnes, die ihre kleine Firma in der Münzstraße haben. Drückst dir an den Schaufenstern bei Japhet „Papier und Schreibwaren" die Nase platt. Der schöne schwarze Kolbenfüller mit Goldfeder hat es dir angetan. In 4 bis 5 haben sie den Laden, auf dem Hof von Nr. 6 die Druckwerkstatt. Speziell für Kontorbücher. Ein Stückchen weiter die 16 ist auch so ein Naseplattdrückerladen. Auf feinstem Porzellan mit Stoffserviette und Silbergabel werden dort Cremetörtchen und Petit fours serviert. Konditor Dobrin ist in der ganzen Stadt bekannt. 1990 wirst du mit seiner Enkeltochter „konditern" gehen. Aber das ist eine andere Zeit. Eine ganz andere. Es ist die Zeit danach...

Und die Schuhe, auf denen die Damen zu Dobrin gehen – nein, nicht gehen, schreiten tun sie –, also das wirst du als Briefträger nie verstehen, mit deinen derben, ausgelatschten, aber doch so bequemen Lederschuhen. Also diese eleganten Damenschuhe, die stellen in der Dirksenstraße Sally und Robert her. Genauer gesagt: Sally Rosenberg und Robert Rötschke. Mit Filzpantoffeln haben sie mal angefangen. Genau solche, wie du daheim hast. Diese ockerfarbenen mit dunkelbraunen Streifen. Kannst du dich erinnern, wie du mal Sally gefragt hast, warum er nur diese Sorte herstelle. Du wolltest doch immer die knöchelhohen mit Schließen und Puschel. „Zu viel Material", hat er gesagt. „Und es dauert zu lang, sie zu nähen." Und heute? Die neue Herbstkollektion für Leiser muß bald raus. Die Damen gehen mit der Mode.

Ob Hugo zu Hause ist? Was heißt zu Hause? Sein Laden ist sein Zuhause. Hugo Goldstein und sein Damensalon. Dragonerstraße 32. Ganz hinten links. Fast das letzte Haus vor der Schendelgasse. Was hat er sich für eine Mühe gegeben, über seinem kleinen Laden so ein großes Schild aufmalen zu lassen. Braunrote Schreibschrift auf Gold-gelbem Grund.

„Ach nee! Laß mal lieber. Ist'n bißchen weit weg. Den können wir ein andermal besuchen. Am besten, wenn wir zur Brunnenstraße zum Moritz Mandelkern gehen. In der 25a, da wohnt der. Kann man nicht verfehlen, steht ganz groß auf der rechten Brandmauer, wenn man durch den Haupteingang geht."

„Du scheinst auch lieber zweimal ums Karree zu gehen, als eine lange Strecke hin und zurück. Gut! Dann laß uns zurückgehen. Aber dann über die Grenadierstraße. Ich kann Dir ja inzwischen was erzählen: Also Arnold Biegeleisen war im vegetarischen Speisehaus in der Neuen Schönhauser 8. Er hat sich die Papiere für die Ausreise nach

Argentinien besorgt. Vor einem links hinten an dem Vierertisch sitzenden, immer hüstelnden Mann."

„Was für Papiere?"

„Entschuldige, das kannst Du nicht wissen. Diese Geschichte wird man noch schreiben. In ein paar Jahren. Und auch diesen Herrn, den Du jetzt nur an seinem penetranten Fischgeruch wahrnimmst, wirst Du erst Anfang der 40er in Paris wiedersehen. Artur Friedländer heißt er. Hat in der 13 auf dem Hinterhof ein ‚En-gros-Geschäft' für Heringe. Und viele der feinen Damen, die jetzt noch bei Lehmann in der 13 Straußenfedern und Pailletten kaufen, werden auch nicht mehr lange hier Kunden sein. Auch der Hutladen Cerf, links neben der Apotheke, wird schließen müssen. Du hörst mir ja gar nicht mehr zu! Ach so… pinkeln mußt Du. Ins Ballhaus in der Joachimstraße kann man umsonst rein. Die lassen einen auch auf's Klo. Da ist's nicht so vornehm wie in den Neumannschen Festsälen im Hackeschen Hof."

„Da soll'n Ballhaus sein?"

„Ja, gleich gegenüber der Gipsstraße 11. Dort, wo Tannenwald seinen Bäckerladen hat und Kaufmann die Fleischerei. Der Bäcker rechts, der Fleischer links. Bei Kaufmanns haben sie sogar gerade hinten alles neu weiß fliesen lassen. Sieht gut aus. Wie für die Ewigkeit."

„Dann kann ich auch gleich nach Hause."

„Wo wohnst Du?"

„Linienstraße 158. Kannste nicht verfehlen. Rechts am Eingang steht ‚Herrmann Josefowicz und Co. Kartonagen-Fabrik'. Und darunter ‚Daniel Kirschbaum'. Damenmäntel stellt er her."

„Ja klar, den kenn' ich. Wir gehen immer zum selben Friseur. Zum Oberländer in die Steinstraße 20. Der macht auch Fußpflege. Da laß ich mir immer meine Füße machen."

„Füße machen?"

„Na ja, ein bißchen Luxus muß sein. Die Füße sind sozusagen mein Handwerkszeug. Das muß ich pflegen."

„Wie bei mir. Aber merkwürdig! Ich höre Dich. Wir unterhalten uns. Aber jetzt erst stelle ich fest, daß ich Dich gar nicht sehe. Wer bist Du? Wo bist Du?"

„Ich bin Briefträger, so wie Du. Und manchmal gehe ich in der Geschichte spazieren... So wie jetzt."

(aus: Uri Hart, Gute Zeiten für Apotheker. Ein Spaziergang im Scheunenviertel, erschienen in: „scheinschlag" vom 1.–15. August 1992)

Regina Scheer

(1991)

Ich bin oft durch die Alte Schönhauser Straße und durch die anderen Straßen des Scheunenviertels gegangen. Nicht nur in meiner Schulzeit, auch später. In der Mulackstraße erlebte ich meine erste Liebe in einem Haus, das nur ein Plumsklo besaß und dessen Wände so brüchig waren, daß ich im Bett meines Freundes das Stöhnen der sterbenden Frau aus der Nebenwohnung hörte. In der Rückerstraße zwischen der Linienstraße und der Mulackstraße gibt es ein Standesamt, dort ließ meine Mutter meine Geburt eintragen, dort wurden auch meine Töchter registriert, dort bekam ich nach der Scheidung für die Gebühr von drei Mark meinen Namen zurück. In der Schendelgasse stand eine Baracke des Wohnungsamtes. Dort verbrachte ich viele Stunden an vielen Tagen. Die Baracke gibt es längst nicht mehr, die Schendelgasse ohnehin nicht, nur ihr Name ist geblieben und steht verloren auf einem Straßenschild, nur wenige Meter entfernt von der Stelle, an der 1915 das Foto mit den kartoffelschälenden Frauen und dem Kind Rachischkarski aufgenommen wurde.

Im Juni 1991 war ich wieder dort, zusammen mit Ofra Meierson, jener Frau, die seit einigen Jahren das Kinderheim AHAWAH in Kiryat Bialik leitet, das nun auch schon wieder fast fünfzig Jahre alt ist. Ofra hatte mich angerufen und gesagt, sie sei auf der Durchreise, zum erstenmal in Berlin, ob ich ihr die Orte der früheren AHAWAH zeigen könnte. Ich hatte Ofra an einem verregneten Tag im April 1990 kennengelernt, in den Häusern, die die AHAWAH in den dreißiger Jahren für ihre Kinder in Palästina errichten ließ.

Ofra Meierson ist Psychologin. Ihre vier Kinder sind schon erwachsen, für sie sind die AHAWAH-Kinder wie ihre eigenen. Stundenlang hatte sie mir in Kiryat Bialik von ihren Sorgen und Freuden mit diesen Kindern erzählt, Einwandererkindern, jüdischen Kindern, deren Eltern aus allen Teilen der Welt nach Israel gekommen sind, auch aus dem Osten Europas, aus der Sowjetunion, aus Rumänien. Ihre Familien waren auf dem mühseligen Weg ins Gelobte Land zerbrochen, und für die Kinder blieb nur das Heim, die israelische AHAWAH. Ofra Meierson sprach Iwrith, und ein junger Erzieher dolmetschte für mich.

Emi, der über seinen Beruf sagte: „Dies ist eine heilige Arbeit.“ Emis Mutter, die ihn meine Sprache gelehrt hat, war aus Holland nach Israel gekommen. Sie hatte ihr Deutsch in Auschwitz gelernt. Ofra Meiersons Eltern waren aus der Ukraine nach Palästina gekommen, schon vor Jahrzehnten.

Auf dem Weg in die Auguststraße kam ich mit Ofra Meierson durch die Alte Schönhauser Straße und wollte ihr die Stelle zeigen, an der das Foto aufgenommen wurde, das ich in ihrem Archiv gesehen hatte. Das Haus Alte Schönhauser Straße 10 ist von der Erde verschwunden wie das Pappschild *Jüdische Kindervolksküche,* das vor einem Menschenalter dort hing.

Anstelle des Hauses steht eine Steinbaracke, und ihr Schild ist nicht aus Pappe, es verkündet: *Computerschulungszentrum.*

Es war gerade Pause, die Computerschüler standen rauchend vor den geöffneten Türen. Unter ihnen gab es auch ältere Männer und Frauen, Arbeitslose wohl, die in der Computerschulung eine Chance für sich suchten. Ein blankes Schild, beileibe kein Pappschild, wies diskret auf eine Repräsentanz der Mannheimer-Versicherung in dieser Baracke hin, und ein anderes Schild bot ebenso diskret und gediegen Finanzberatung an.

Computerschulung, Arbeitslose, Mannheimer-Versicherung, Finanzberatung, das alles war neu in der Alten Schönhauser Straße. Ich versuchte es Ofra Meierson zu erklären. Radebrechend erzählte ich ihr von dem verschwundenen Haus Alte Schönhauser Straße 10, von der Jüdischen Kindervolksküche. Minna Mühsam hatte geschrieben, daß viele der Kinder sich ganz allein durchschlagen mußten, weil ihre Eltern als feindliche Ausländer interniert waren. Die Väter anderer waren Soldaten, und die Mütter konnten ihre Kinder nicht ernähren. Es wurde niemals ein hungriges Kind abgewiesen. Die Frauen um Minna Mühsam schälten jeden Tag viele Zentner Kartoffeln. Ich wollte sehen, ob die Mauer noch zu finden wäre, vor der das Foto mit den kartoffelschälenden Frauen aufgenommen worden war und schlängelte mich durch die rauchenden Computerschüler hindurch, ging in die Baracke und in einen der Schulungsräume. Durch das Fenster sah ich den Hof, üppig mit Unkraut bewachsen. Keine Mauer, nichts erinnerte an Minna Mühsams Foto, das älteste Dokument der AHAWAH-Geschichte.

Die Computerschüler musterten mich erstaunt, ehe einer etwas sagte, war ich wieder draußen bei Ofra Meierson. Die getünchte Steinbaracke war mit Losungen besprüht, wie fast jede Hauswand in der Straße. BILDET BANDEN! stand da. JAGD DIE SPEKULANTEN! und WER GEWINNT AM GOLF? LEST DEN BÖRSENBERICHT!

Während des Golfkrieges, erzählte mir Ofra Meierson auf dem Weg durchs Scheunenviertel, sei eine Bombe nur zweihundert Meter von der AHAWAH entfernt eingeschlagen. Die Kinder waren in den Luftschutzräumen, sie trugen Gasmasken.

Sie blieb stehen und machte mir an der Ecke Münzstraße gestisch vor, wie die Kinder die Gasmasken aufsetzten, wie die Größeren den Kleinen halfen, anders wäre es nicht gegangen.

Alle hätten Angst gehabt, große Angst.

Zu Purim war der Golfkrieg zu Ende. Die Kinder waren nicht zu halten, sie tanzten und lachten, und wieder einmal, wie schon tausende Male, hatte die Königin Esther den Haman besiegt, der das jüdische Volk vernichten wollte. Die Kinder hätten begriffen, warum Purim ein Freudenfest sei.

Aber die Angst sei nicht vergangen.

Die Kinder sind agressiver denn je, noch heute. Sie treten ihre Betten kaputt, sie zerstören die Möbel, erzählte mir Ofra Meierson.

Ich erinnerte mich der bescheiden eingerichteten Zimmer in Kiryat Bialik, der armseligen Möbel, der lebhaften, nach Zärtlichkeit hungernden Kinder, und ich verstand, daß Ofra Meierson plötzlich, da sie an ihre Kinder dachte, keinen Blick mehr hatte für die Häuser des Scheunenviertels.

Und diese Straßen mit den blanken Schaufenstern, den eilig eingerichteten Läden, die auch am Tage von künstlichem Licht erfüllt sind, mit den getünchten Fassaden und den gesichtslosen Neubauten zwischen verwitterten alten Häusern sind ja auch nicht mehr das Scheunenviertel, von dem Ofra Meierson gehört hatte, in dem vielleicht auch Verwandte ihrer aus der Ukraine stammenden Eltern gewohnt haben. Hier ist die Vergangenheit gründlich ausgelöscht worden, nicht nur die einstigen Bewohner dieser Straßen, Häuser und Höfe sind verschwunden, auch die, die sich an sie erinnern könnten, haben längst anderen Bewohnern Platz gemacht. Aber merkwürdig, die Kinder auf den Straßen haben immer noch den hellen, wachen Blick und den Argwohn in den Augen wie das Kind Rachischkarski, sie spielen noch immer zwischen den Mülltonnen wie auf Heinrich Zilles Bildern, und ebenso selbstverständlich wie sie auch früher die Bürgersteige und die engen Höfe als Spielplätze in Besitz nahmen, klettern sie heute in den abgestellten Autowracks herum.

Und es gibt viele Kinder in dieser Gegend. Die alten Frauen sind kaum noch anzutreffen, die noch vor fünf, sechs Jahren und erst recht in den siebziger Jahren, als ich anfing, nach den Spuren der AHAWAH zu suchen, aus den

Fenstern guckten, an den Teppichstangen standen oder auf den wenigen Bänken vor den dürftigen Grünanlagen saßen, die die verschütteten Keller und Bunker bedecken. Nicht diese Berliner Frauen in ihren Kittelschürzen, mit ihren struppigen Dauerwellfrisuren stehen nun schwatzend, die Kunstledertasche an sich gepreßt, vor den Schaufenstern. Dort stehen jetzt andere Frauen, in Jeans oder Minirock mit hennagefärbtem Haar. Ihre Kinder in den bunten Wägelchen tragen selten selbstgestrickte Jäckchen, aber bonbonfarbene Anoraks und nuckeln an Plasteflaschen mit Instanttee.

Wir gingen durch die Neue Schönhauser Straße, an dem alten Fabrikgebäude vorbei, in dessen Hinterhaus ich viele Jahre gearbeitet hatte. Dort war die Redaktion einer Literaturzeitschrift, die es seit dem Ende der DDR nicht mehr gibt. Ich zeigte meiner Begleiterin ein von jungen Leuten besetztes Haus und erklärte ihr, was die bunten Zeichen und Sprüche an der Hauswand bedeuten. Ofra verstand nur NAZIS RAUS.

In der Rosenthaler Straße wollte ich ihr den letzten Hof der Nr. 39 zeigen, auf dem der Bürstenfabrikant Otto Weidt Juden versteckt hielt und Bürstenbinder aus dem jüdischen Blindenheim in Steglitz für sich arbeiten ließ, um sie vor Auschwitz zu bewahren. Seine blinden Arbeiter wurden dann doch abgeholt, und seine Schützlinge aus ihren Verstecken gezerrt, einer nach dem anderen…

Im Archiv des Oberfinanzpräsidenten, wo ich nach Spuren der Menschen aus der Auguststraße suchte, fand ich zufällig auch Vermögensakten von Weidts Schützlingen. Zum Beispiel von der Familie Horn, die von Otto Weidt in einem Verschlag versteckt worden war, bis man die ganze Familie im Oktober 1943 abholte. Ein jüdischer Spitzel, Rolf Isaakson, hatte die Tochter getroffen und die Familie Horn an die Gestapo verraten. Eine Nachbarin Otto Weidts, Frau Lotte Beyer, erzählte mir Jahrzehnte später, wie sie die Verhaftung beobachtet hatte. Sie kannte diesen Spitzel, weil er in dem Lokal verkehrte, in dem sie Kellnerin war. Sie kannte auch die Horns, den einundvierzigjährigen Bürstenbinder Chaim Horn, seine Frau und die Kinder. Die Ehefrau, so steht es in der Vermögenserklärung, hieß Machla, geborene Stanger. Sie war vierzig Jahre alt. Die Tochter Ruth war dreizehn, der Sohn Max siebzehn Jahre alt. Mit dem 44. Osttransport ging diese Familie am 14. Oktober 1943 nach Auschwitz. Übrigens besaßen sie kein Vermögen.

Ich konnte das alles Ofra Meierson nicht erklären, als ich ihr den düsteren Hof zeigte. Aber sie wird solche Geschichten kennen, wohl jeder in Israel kennt sie.

Wir gingen also vorbei an der Rosenthaler Straße 39 und über die Hackeschen Höfe, vorbei an der Wand mit den blauen Kacheln, in denen noch die Einschußlöcher zu sehen sind von der Maschinengewehrgarbe, die die Polizisten Steuck und Trischak vom Revier 16 am 23. April 1945 tötete. Die beiden Polizisten hatten im Bunker am Monbijouplatz Dienst getan und ihre Pistolen gezogen, als ein Oberleutnant der Wehrmacht Greise und vierzehnjährige Jungen aus dem Bunker holen wollte, um sie an der Jannowitzbrücke „den Russen entgegenzuwerfen", – „Hier ist Schluß. Der Krieg ist aus", hatten die beiden Polizisten gesagt und der Oberleutnant mußte wieder abziehen. Der Krieg war aber noch nicht aus, und SS-Leute aus der Großen Hamburger Straße 26 entwaffneten Willi Steuck und seinen Kollegen Trischak. Ein „Fliegendes Standgericht" richtete sie vor den blauen Kacheln auf dem Hackeschen Hof hin. Der Mörder war der Ortsgruppenführer Waskuleit aus der Kleinen Präsidentenstraße 2. Steuck und Trischak wurden schwerverletzt auf den Hackeschen Markt geworfen, wo sie starben. Ihre Gräber fanden sie zunächst auf dem alten Jüdischen Friedhof in der Großen Hamburger Straße, den ich Ofra Meierson zeigen wollte, bevor wir in die Auguststraße gingen.

Sie lagen da unter schlichten Holzkreuzen neben Bombenopfern der letzten Kriegstage, neben den in Straßenkämpfen gefallenen Jungen, die sie retten wollten, neben den Gebeinen Tausender jüdischer Toter. Aber nicht durch diese Toten, die keine Juden waren, wurde der Friedhof geschändet, sondern schon zwei Jahre früher durch die SS-Leute aus dem Lager in der Großen Hamburger Straße, die hier Splittergräben zu ihrem Schutz ausheben ließen, die Gebeine der Toten achtlos herumwarfen und die Grabsteine mutwillig zerstörten.

Ich habe während meiner Schulzeit noch die Holzkreuze vom Mai 1945 und auch die wenigen erhaltenen jüdischen Grabsteine gesehen. Alle zusammen ließ das Stadtgartenamt in den siebziger Jahren beseitigen, und eine Rasenfläche deckt auch hier die Vergangenheit zu. Nur das Grab des Moses Mendelssohn ist neu errichtet worden.

Schweigend betrachtete Ofra Meierson die Figurengruppe von Will Lammert am Friedhofseingang an der Stelle des nach dem Krieg abgerissenen Jüdischen Altersheimes.

Ich sagte ihr nicht, daß diese Skulptur und der Gedenkstein wenige Tage vor ihrem Besuch umgestürzt und besudelt worden waren. Wie vor fünfzig Jahren gibt es so viele Fenster in der Großen Hamburger Straße, und wie damals hatte niemand gesehen, was geschah.

Meine Begleiterin war still geworden. Große Hamburger Straße… Sie wußte, durch was für eine Straße wir gingen. Ich versuchte gar nicht, ihr zu erklären, was ich über die Häuser und ihre Bewohner erfahren hatte, denn man kann alles sehen, wenn man sehen kann, wenn man die Spuren zu lesen vermag, die jedes hier gelebte Leben, jedes hierhin verschleppte Leben in den grauen Stein dieser Straße prägte.

Die Auguststraße sah wieder anders aus als nur wenige Wochen zuvor. Jahrzehntelang lag sie wie im Schlaf, nun ist sie aufgewacht und verwandelt sich. Auch hier trifft man kaum noch Alte, dafür sehr viele junge Leute, die in die Bruchbuden gezogen sind, das Gerümpel von den Böden auf die Straße warfen, die Wohnungen und Höfe umbauen,

Cafés und Galerien eröffneten, bei lauter Musik auf der Straße sitzen und an alten Küchentischen Kaffee trinken. Die aufgeklappte Motorhaube eines am Straßenrand stehenden Trabants war mit Blumen bepflanzt worden. Am Haus Nummer 70 hing seit über einem Jahr ein handgeschriebenes Plakat, eine Konzeption für ein Kinderfreizeitzentrum. Das Plakat war schon ziemlich zerfleddert, aber es hing da und verkündete, wovon die Besetzer des Hauses träumten, und es sind keine anderen Träume als die der jungen Leute, die siebzig Jahre vor ihnen in die Auguststraße gekommen waren, um den verwahrlosten Kindern dieser Gegend LIEBE zu geben.

An einem bunt bemalten Haus hing eine wunderschöne, riesige Marionette. Die Straße war trotz ihrer bröckelnden, grauen Fassaden bunt geworden. Ich überlegte, ob ich mit Ofra Meierson die paar Schritte zur Kleinen Auguststraße gehen und ihr die Stelle zeigen sollte, an der einmal die Synagoge vom Synagogenverein *Ahawas Scholaum* stand, aber ich hätte ihr nur die neue Kinderkrippe zeigen können, ein tristes funktionales Haus, das vor wenigen Jahren an dieser Stelle errichtet wurde. Die Synagoge hatte man nach dem Krieg abgerissen. Beschädigt worden war sie schon in der Nacht zum 10. November 1938. Die Friseuse vom kleinen Frisiersalon am Koppenplatz wohnte als Kind gegenüber. Sie hat mir erzählt, wie die Synagoge brannte und die Juden stumm standen und beteten. Jahrelang wuchs dort nur Unkraut, zwischen dem Kinder spielten und Autos parkten, ein paar Bänke wurden aufgestellt, von der Synagoge sprach kein Mensch mehr. Aber an den Brandmauern konnte man noch die Schattenrisse der verschwundenen Häuser sehen. Jetzt füllt der Neubau die Lücke in der Kleinen Auguststraße aus. Was sollte ich meiner Begleiterin da zeigen.

Hätte ich ihre Sprache gesprochen, hätte ich ihr erzählen können, daß die Kleine Auguststraße in den Jahren angelegt wurde, als in der heutigen Auguststraße der Galgen stand, ungefähr dort, wo das verwitterte Schild MARGARINENFABRIK auch schon wieder seit Jahrzehnten eine vergangene Zeit festzuhalten versucht. 1708 hatte der Direktor des Berlinischen Gymnasiums, Frisch, die Kleine Auguststraße begründet, die nach ihm Frischens Gasse hieß. Später wurde sie Kirchhof-Gasse nach dem benachbarten Armenfriedhof benannt, dann Fledermaus-Gasse, nach den in ihr wohnenden „liederlichen Frauenzimmern", noch später Wildenhans-Gasse nach einem Mehlträger dieses Namens, der das Haus Nr. 8 bauen ließ. 1862 gehörte die Gasse einem Herrn Schulze, der sich wünschte, daß ein Glanz der benachbarten großen Straße, die schon neunundzwanzig Jahre lang nach Prinz August von Preußen hieß, auch auf seine Gasse fallen sollte, Seidem heißt sie Kleine Auguststraße. Natürlich gab es damals die heute verschwundene Synagoge noch nicht, die wird um 1910 entstanden sein, sie war eine der vielen kleinen Vereinssynagogen und Betstuben in diesen Straßen und Gäßchen, die die zugewanderten Juden sich einrichteten. Der Synagogenverein *Ahawas Scholaum* vereinigte sich 1931 mit dem Synagogenverein *Mogen David*, dessen Synagoge sich bis dahin gleich nebenan in der Gipsstraße 11 befunden hatte. In der Gipsstraße 12a waren seit 1873 die Synagoge und das Rabbinerseminar von Adass Jisroel. Hier starb 1899 Rabbiner Esriel Hildesheimer, das berühmte Oberhaupt der Gemeinde Adass Jisroel, die seit 1904 in der Artilleriestraße, der heutigen Tucholskystraße, nur fünf Minuten Fußweg vom Haus in der Auguststraße entfernt, ihr Gemeindezentrum hatte. Das wenigstens hätte ich Ofra Meierson zeigen können, aber auch dort wurde die Synagoge 1967 geprengt, weil man den Platz als Lagerfläche für irgend etwas brauchte.

Nur ein Schattenriß an einer Brandmauer erinnert an die Synagoge.

Die Gemeinde Adass Jisroel wurde erst am 28. Dezember 1989 wieder in ihre Rechte eingesetzt, und seit dem März

1990 hat sie eine neue kleine Synagoge in ihrem zurückerhaltenen Gemeindezentrum eingerichtet. Ein Polizist bewacht sie. Aber Ofra Meierson war nicht aus Isreal nach Berlin gekommen, um sich bewachte Synagogen anzuschauen, das kannte sie. Sie wollte das alte Haus der AHAWAH sehen.

Wir gingen durchs Vorderhaus, das zwar gealtert wirkte, aber immer noch so aussah wie vor hundert Jahren. Da war der Hof mit den zwei Fahnenmasten, das Rondell war wieder bewachsen, längst nicht so üppig wie in den Erinnerungen der Menschen, die mir in Israel davon erzählten. Rechts neben dem Eingang zum Hinterhaus, auf diesem Vordach, erzählte ich Ofra, stand zum Laubhüttenfest die Sukka der AHAWAH-Kinder. Sie kletterten durchs Fenster, um in die Laubhütte zu gelangen, und schon das war ein Spaß. Ofra erkannte die Eingangstür, die sie auf alten Fotos gesehen hatte, sie war bewegt und voller Erwartung. Sie hatte Beate Berger nicht mehr kennengelernt, keinen der ehemaligen Erzieher der AHAWAH. Aber sie wußte, was dieses Heim bedeutete, welches Programm es sich gab, und sie fühlte sich den Pädagogen verwandt, die ein Menschenalter vor ihr herumgestoßenen, heimatlosen Kindern ein Zuhause geben wollten. Ofra Meierson wußte, daß das Erbe der AHAWAH nicht nur aus den vergilbten Fotos in ihrem Archiv und den inzwischen auch baufälligen Häusern in Kiryat Bialik besteht.

Wir gingen um das ehemalige Krankenhaus und spätere Kinderheim herum, über den Hof, der wieder bewachsen war, und standen im ehemaligen Krankenhausgarten, auf meinem alten Schulhof. Auf fast allen Fotos, die in Kiryat Bialik in Ofra Meiersons Schrank liegen, kann man diese Fenster im Hintergrund sehen. Hier kamen die Kinder zu Gruppenfotos zusammen. Dort drüben war der Buddelkasten für die Kleinsten gewesen. Und dort, denke ich, hinter der Mauer, die es damals noch nicht gab, begann in noch früheren Jahren der lange Gang zum Siechenhospital in der Oranienburger Straße. Den war auch James Israel gegangen, den gingen die Krankenschwestern, vielleicht auch Patienten, wenn sie in die Neue Synagoge wollten.

Hinter den Wipfeln alter Bäume sah man die goldene Kuppel der alten Neuen Synagoge ganz nahe. Man hörte, wie an ihr gearbeitet wurde. Ofra Meierson stand ganz still, und ich dachte, daß sie an derselben Stelle stand, an der die Gruppenbilder der AHAWAH-Kinder aufgenommen wurden. Und dort hinten hatten Schwester Margot Neumann, die dann als Illegale überlebte, und Schwester Anneliese, die später in Auschwitz umgekommen ist, gesessen. Auch ihre Kinder wurden auf diesem Hof fotografiert. Recha, die im Torbogen laufen lernte, und der kleine Schiefhals aus der Mulackstraße, der nie lachte. Sie waren keine AHAWAH-Kinder. Als sie auf diesem Hof spielten, war das Kinderheim AHAWAH in Deutschland schon aufgelöst, sie waren Kinder aus Edith Fürsts Kinderkrippe.

Ofra Meierson ging ein paar Schritte und blickte durch ein Kellerfenster. Dahinter hatten die Nonnen 1943 die sterbenden Alten gesehen. Vor diesem Fenster ließ ich mich fünfundzwanzig Jahre später als Siebzehnjährige mit meiner Schulfreundin Elke nichtsahnend fotografieren.

Die Geschichten dieses Hauses griffen ineinander, überlagerten sich, gingen in meinem Kopf herum, die Zeiten verschoben sich. Wie konnte ich Ofra Meierson davon erzählen, zumal ich ihre Sprache nicht kannte.

Aber sie sah das Haus, sie sah die rötlichen Steine und die gelben der Mauer vor den alten Bäumen, hinter denen die Kuppel der Synagoge in der Sonne glänzte, sie sah den Berliner Himmel, sie schwieg, und in dieses Schweigen hinein hörte man die Steine sprechen.

(aus: Regine Scheer, AHAWAH. Das vergessene Haus, erschienen im Aufbau-Verlag, Berlin 1992)

Inhalt – zitierte Autoren

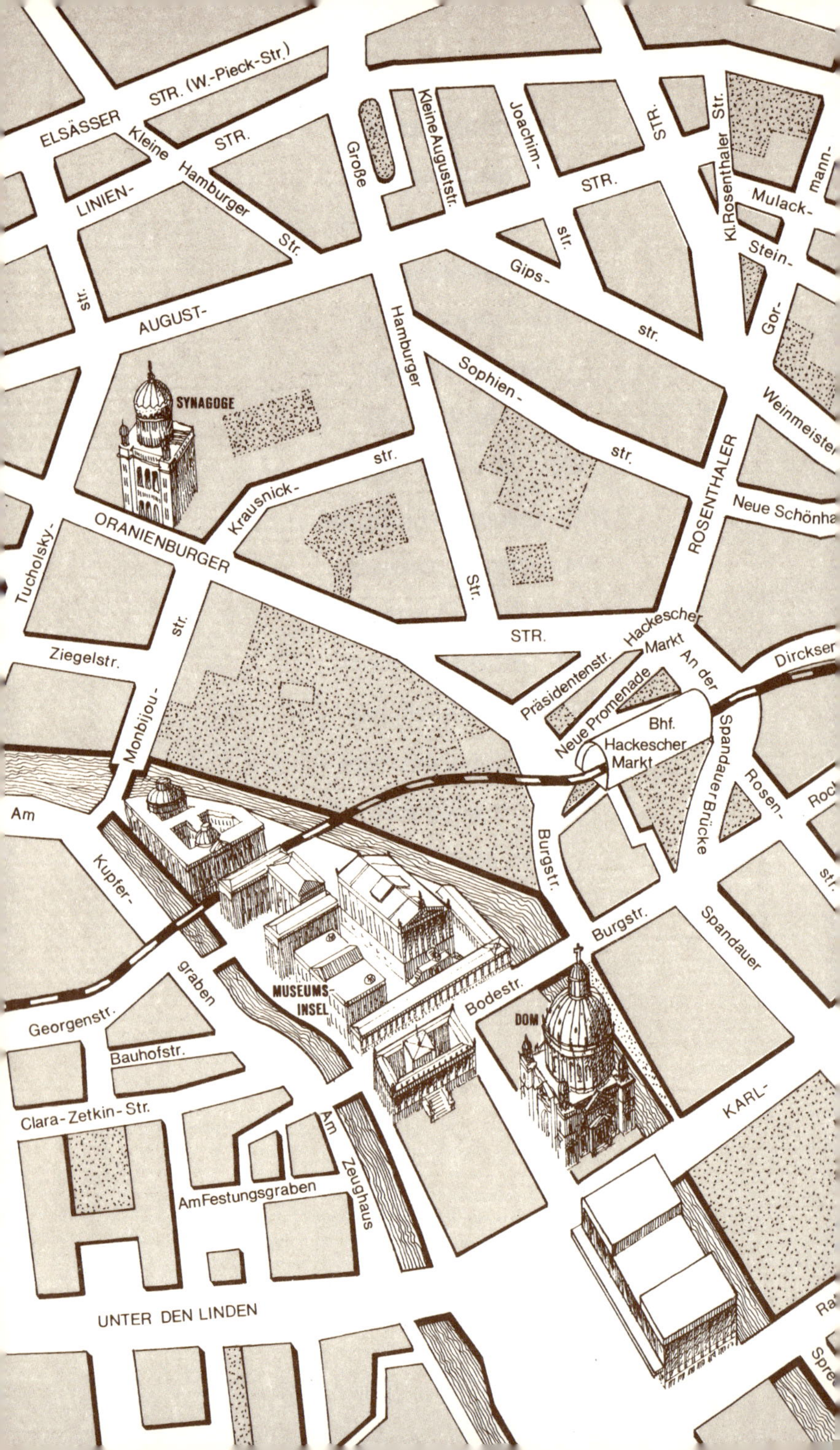
ELSÄSSER
STR. (W.-Pieck-Str.)
Kleine
STR.
Hamburger
Str.
LINIEN-
str.
AUGUST-
Große
KleineAuguststr.
Joachim-
STR.
STR.
Gips-
str.
str.
Kl.Rosenthaler
Str.
Mulack-
mann-
Stein-
Gor-
Weinmeister
Hamburger
Str.
Sophien-
str.
SYNAGOGE
Krausnick-
str.
ORANIENBURGER
STR.
Tucholsky-
str.
Ziegelstr.
Monbijou-
ROSENTHALER
Neue Schönha
Hackescher
Markt
Präsidentenstr.
Neue Promenade
An der
Bhf.
Hackescher
Markt
Dirckser
Spandauer Brücke
Rosen-
str.
Rock
Am
Kupfer-
graben
Burgstr.
Burgstr.
Spandauer
Bodestr.
DOM
MUSEUMS-
INSEL
Georgenstr.
Bauhofstr.
Clara-Zetkin-Str.
Am
Zeughaus
AmFestungsgraben
KARL-
UNTER DEN LINDEN
Ra
Spre